RAFFAELLA IANNACCONE

FARE SOLDI CON TIKTOK

La Prima Guida Che Ti Insegna Dalla A alla Z Come Diventare Influencer Di Successo e Fare Business Con Il Social TikTok

Titolo

"Fare soldi con TikTok"

Autore

Raffaella Iannaccone

Editore

Bruno Editore

Sito internet

http://www.brunoeditore.it

Sommario

Introduzione

Pronunciando il nome **"TIKTOK"** si ha l'impressione di far scorrere la lancetta del progresso che non dorme mai, proprio come il ticchettio delle lancette del nuovo Social che avanza, in barba a chi pensa che sia riservato solo ai cosiddetti "Bimbiminkia". Questa è una vera e propria rivoluzione, perché TikTok sta cambiando le regole di tutti i "giochi" dei Social Media. E, noi quarantenni, noi "adulti" abbiamo preso un grosso abbaglio: TikTok sta sfornando, proprio ad ogni suo ticchettio che progredisce, molteplici star, per lo più minorenni, che incassano ogni giorno centinaia di euro, arrivando a dei guadagni a dir poco sensazionali rispetto al "lavoro" che fanno sul Social.

Ma cos'è questo "famoso" TikTok?

TikTok nasce come un'applicazione poco più di 3 anni fa ma è diventata in pochissimo tempo in maniera esponenziale, un vero e proprio Social. All'inizio veniva usata per creare e postare video fatti in playback sulla base di canzoni famose.

Adesso, lo scenario si è notevolmente sviluppato: viene utilizzata per la condivisione di brevi video dalla durata che va dai 15 ai 60 secondi. Video non solo fatti per cantare ma anche per ballare, cimentarsi in scenette spiritose, effetti speciali, trucchi di magia, realizzare cortometraggi di momenti di vita quotidiana, attimi ricreativi, far notare il proprio talento in qualsiasi ambito come lo sport, i salti, la ginnastica, il disegno, la cucina, la recitazione, ecc… Insomma, qualsiasi attività che riguardi l'intrattenimento, pur che sia in una chiave di divertimento.

Immagina di navigare su Instagram, ma anziché vedere le foto, c'è *un susseguirsi di video*.

In questo momento, Gennaio 2020, è ancora in fase di incubazione in Italia, anche se gli utenti sono già quasi 3 milioni. Nel resto del mondo sì è già divulgata e in modo significativo. Infatti, ecco alcuni dei dati riguardanti TikTok, giusto per farti capire che non si tratta di un "giochino" riservato solo agli adolescenti. E' vero che sia nata per loro, ma quest'onda è già in fase di espansione sempre più grande e dalle dimensioni non indifferenti. Il giro di affari che si sta creando grazie a questa esploderà presto.

A onor del vero da quando ho iniziato a scrivere questo libro, il 14 Dicembre 2019, a quando lo sto revisionando per la pubblicazione, oggi 04 Gennaio 2020, quindi in poco più di tre settimane i numeri sono già cambiati e nemmeno a dirlo… in aumento.

Sì, perché i numeri riguardanti TikTok parlano chiaro: non si può sfuggire da questi, sono impressionanti e da capogiro. Sta letteralmente facendo impazzire i giovanissimi e da un po' di tempo a questa parte, non solo. Persone da ogni parte del mondo si cimentano nella creazione di video originali e accattivanti, fatti per la maggior parte completamente dal cellulare. Facilissima da usare, mette a disposizione diversi strumenti di editing che permettono agli utenti di registrare e caricare video direttamente dall'App come fossero veri e propri professionisti, nella speranza che possano diventare virali, senza rinunciare al puro piacere della creazione stessa.

Il mondo si sta evolvendo alla velocità della luce, forse anche di più. Siamo in un'epoca in cui la democrazia la fa da padrona: ognuno può ambire a riservarsi il proprio successo portandolo ad un concreto lucro. E se non ti adegui, se non stai al passo e inizi a trottare anche tu è un dato certo che rimarrai dove sei. E le lamentele a poco contano: l'evoluzione dell'uomo consiste proprio nel suo adattamento alla società. Decidi di non uniformarti? E' una tua scelta, ma devi essere consapevole che i soldi, il merito, l'onore se li prende poi qualcun altro perché ha deciso di cavalcare l'onda delle nuove opportunità.

Ed ora, ecco in numeri di TikTok. Considera che questi numeri li ho estrapolati in Dicembre 2019. Ogni giorno che passa si modificano... al rialzo. Ad oggi ci sono 800 milioni, sì hai letto bene, **800 M-I-L-I-O-N-I** di utenti/mese attivi nel mondo in continua crescita. TikTok è disponibile in 34 lingue. E' alla nona posizione al mondo come Social. E' presente in 155 paesi nel mondo.

TikTok è un'applicazione lanciata nel 2016, di proprietà della Startup Cinese "ByteDance". Nel 2017 ha ottenuto finanziamenti per 750 milioni di dollari per l'acquisizione dell'App "Musical.ly". Musical.ly permetteva di creare brevi video di un solo tipo: sincronizzare le labbra, cantando in playback sulla base di canzoni famose e inventando coreografie con balletti. Una volta che questo stacchetto fosse diventato di "moda" gli utenti si divertivano a imitarlo, a condividerlo e a "crearlo" su misura delle proprie caratteristiche, personalizzandolo a piacimento. Già questa era molto popolare tra i bambini e gli adolescenti che si dilettavano.

Nel 2018 ByteDance unisce la nuova nata TikTok e Musical.ly, mantenendo **TikTok** come nome della piattaforma, ma ampliando gli stili di creazione: infatti dà la possibilità agli utilizzatori di fare video con molte più opzioni rispetto a Musical.ly. Oltre che poter usare lo stile Musical.ly, su ogni video puoi anche aggiungere scritte, effetti speciali, gif animate, emoji, sondaggi, basi musicali, unire più clip e molto altro ancora. Tanto per intenderci e pensare a qualcosa che conosciamo, puoi produrre dei video con lo stesso stile delle Stories che già facciamo su Instagram e Facebook a cui siamo in parte abituati.

Nel primo trimestre del 2019 TikTok è stata l'App più scaricata al mondo con 188 milioni download e rispetto al primo trimestre dell'anno precedente, il 2018, ha avuto una crescita del 70%. In totale i download sono stati oltre 1,5 miliardi da ogni parte del pianeta. L'età media di chi la utilizza va dai 16 ai 24 anni, anche se in questi ultimi mesi si sta decisamente alzando. Non è difficile trovare anche ragazzini più giovani, dai 10 ai 16 anni. Il tempo medio speso sulla piattaforma è di quasi un'ora al giorno e, considerando che ogni video dura 15 secondi, pensa a quanto contenuto viene letteralmente mangiato quotidianamente. TikTok, ha raggiunto il miliardo di utenti e lo ha fatto più rapidamente di tutti gli altri: ad esempio WhatsApp e Instagram ci hanno impiegato sette mesi, Facebook quasi nove. Il 70% delle persone scarica l'App e crea i propri contenuti video direttamente. Un miliardo di video vengono visualizzati ogni giorno.

Parliamo dei numeri… in soldi.

Le entrate di TikTok nel 2017 sono state di 3,5 milioni di dollari. Sempre nel 2017, ByteDance, la società madre, ha registrato ricavi per 2,5 Miliardi di dollari, arrivando ad un valore di 75 miliardi di dollari, rendendola la Startup più ricca al mondo. Alla fine del 2019 è passata ad una stima per oltre 80 miliardi di dollari. Quindi possiamo affermare che il terreno è davvero fertile?!

Ma come funziona TikTok?

Dopo vedremo maggiori dettagli ma in sintesi ora ti posso dire: ogni utente posta video della durata in media di 15 secondi o fino a un massimo di 60 secondi e aggiunge canzoni già precaricate o usa l'audio del video registrato; si possono poi accelerare, rallentare e modificare perché ci sono molteplici tool, filtri e opzioni ed è questo l'enorme vantaggio: ti basta uno smartphone e fai in pratica tutto senza nemmeno bisogno di uscire dall'App stessa per editare e ricaricare il video, in maniera quasi immediata ed istantanea.

Questo te lo posso garantire, dato che anche io ho creato così la maggior parte dei video sui miei due account (averne due è meglio: uno personale ed uno per il brand che vuoi pubblicizzare). Ad oggi ne ho prodotti in tutto oltre 100 in un mese circa. Mi ci sono divertita davvero parecchio e ti confermo che la semplicità di utilizzo è disarmante. Alcuni li ho sistemati con altri programmi di editing video, perché ho voluto dare un tocco di "perfezione" ma quasi tutti li ho fatti e caricati in poco meno di 10 minuti: ne sono rimasta letteralmente impressionata! E se te lo dico io, che "odio" le cose tecniche, vuol dire che davvero è un'applicazione facilissima da usare.

All'inizio devi prenderci la mano, come tutte le cose, ma pian piano che impari, ideare, creare e condividere i tuoi video sarà un gioco da ragazzi e molto piacevole. Anzi man mano che vedi gli altri, ti daranno spunti di creatività, ti verrà voglia di farne sempre di più... grazie a questa sua praticità.

TikTok sfrutta **l'intelligenza artificiale** per analizzare gli interessi e le preferenze manifestate dagli utenti, in modo tale da poter personalizzare singolarmente i contenuti ad essi proposti.
Come vedi, la sua evoluzione è dirompente, e nonostante quel che si pensi, che sia appunto un Social per i solo ragazzini, ci stanno approdando anche molte star internazionali, brand di fama mondiale, celebrità dello sport, Influencer di altri Social, personaggi famosi locali, nonché grandi aziende con marchi importanti le quali stanno già pensando come intercettare i bisogni dei più giovani. In Italia, dopo una serie di big noti sia dello spettacolo che non, entrati nella piattaforma, si stanno interessando anche programmi televisivi molto seguiti.

L'*obiettivo* di questo libro è darti l'occasione di poter usare a tuo vantaggio la piattaforma: sì, perché se solo la osservi senza giudicare, senza pregiudizi ti accorgerai personalmente del potenziale che ha e che puoi sfruttare per fare Marketing della tua azienda e/o di te stesso, per poi arrivare ad avere il tuo tornaconto, in termini d'immagine e profitto.

I Social fanno parte della nostra vita e, a prescindere che lo vogliamo o meno, stanno trasformando le nostre vite. Nello specifico, TikTok lo sta facendo con gli adolescenti, che sono il nostro futuro, e stiamo pur certi che non sta usando mezzi termini, anzi si sta propagando di prepotenza, senza chiedere permesso a nessuno.

L'evidenza non la si può negare e dal momento in cui me ne hanno parlato, l'ho scoperta, mi son resa conto delle potenzialità che ha e le opportunità che può offrire, mi sono chiesta come avrei potuto trasformare la mia presenza da spettatore passivo a protagonista attiva sia per la mia persona sia per l'attività che svolgo, traendone il massimo beneficio.

E così ho deciso di creare questo libro: per raccontarti il percorso che ho fatto in queste ultime settimane, condividere con te le strategie e le cose che ho imparato e testato sulla mia pelle che mi hanno permesso di passare da scettica quale ero (e a maggior ragione persona che non sapeva nemmeno dell'esistenza) a utilizzatrice abituale che mi sta dando ottimi risultati. Difatti, la mia audience conta oltre *10 mila follower* e altrettanti "cuori" (i cuori sono come i "mi piace" di Facebook) *in appena 3 settimane*. Il prossimo step sarà quello di concretizzare e affinare il tiro, ma ad oggi mi ritengo molto soddisfatta, proprio perché in così poco tempo ho realizzato molto, tra cui anche questo manuale, riuscendo anche a soddisfare la mia più grande passione: *scrivere.*

Un numero così elevato non è solo farina del mio sacco: lo ha permesso anche il grosso engagement di questo momento della piattaforma. Utilizzando gli stratagemmi giusti, chiunque ha la comprovata possibilità di diventare virale in brevissimo tempo. Ovviamente li devi conoscere... ed io sono qui per questo. Ho voluto mettere nero su bianco tutto quanto, senza risparmiare una sola parola!

Qui, ho concentrato tutte le idee, le mosse e le tecniche che ho appreso, sia studiando altri libri, articoli e statistiche, seguendo utenti famosi e gruppi Facebook, sia quelle arrivate grazie alle prove, ai test delle nozioni studiate e alle intuizioni che mi son venute strada facendo personalmente che mi hanno permesso di ottenere centinaia e migliaia di fan, follower, visualizzazioni e cuori con l'obiettivo primario di monetizzare il profilo.

Quindi, per chi è questo libro?

E' per chi si vuole approcciare a TikTok, per chi vuole capirne l'utilizzo, per chi ci ha intravisto una possibilità di successo, per chi vuole provare un modo in più per fare Marketing, per chi ama sperimentare, per chi brama desideroso di diventare popolare anche solo per il gusto di alimentare il proprio ego, per chi vuole sapere come guadagnare denaro (vero!).

Cogliere l'opportunità di crescita di adesso di TikTok può favorire la tua ascesa a diventare famoso, una celebrità della tua nicchia, creare numeri, avere successo e di conseguenza poter lucreare. E, se non ti fidi di quello che sto dicendo, prova tu stesso a fare delle ricerche su Internet: rimarrai stupito, senza parole.

Fai attenzione ad una cosa: dalla piattaforma non è possibile ricevere soldi direttamente, perché non è che questa ti paghi, ma nel Capitolo 5 ti darò i consigli che ho estrapolato dai miei molteplici, incessanti e approfonditi studi per poterla utilizzare a creare introiti interessanti.

Quello di cui hai bisogno in questo momento è provare a fare un atto di fede e iniziare ad attingere alla tua creatività, voglia di metterti in gioco, abbattere i preconcetti se ne hai, iniziare con coraggio, tenacia, determinazione e soprattutto… sperimentare. La stessa che hanno avuto i ragazzini, molti ancora minorenni, che stanno guadagnano cifre da capogiro ogni mese.

Ricordi il ticchettio che avanza? Ecco ad ognuno di questi, TikTok genera ricchezza concreta… ai giovanissimi.

Ultima cosa prima di partire: per me aver scritto questo manuale è stata una sfida, un voler aggiungere un libro al mio "curriculum" da *scrittrice, il mio lavoro*. Ogni nozione, ogni cosa che ho appreso, studiato, provato e sperimentato l'ho riassunta nelle pagine a seguire. Personalmente non mi occupo di gestire gli account dei TikToker, ossia gli utilizzatori di TikTok. A dir la verità non ne ho il tempo e non è il mio core business. Chi invece lo fa di professione è il mio amico esperto di Advertasing e Marketing in TikTok,

Alessio Natale Atria.

Con Alessio mi sono interfacciata in queste settimane, ho chiesto consigli e mi ha aiutata in modo considerevole a raggiungere i risultati che puoi vedere sul mio profilo. Io mi sono "solo" lanciata in quest'avventura e oltre ad aver imparato ad usarla appassionatamente, anche a scriverci una guida, catalogando le diverse opzioni, in appena 27 giorni.

Ma adesso, vediamo com'è *strutturato* questo libro per poi partire: è formato da 5 capitoli, il vero succo, oltre ai ringraziamenti finali, la conclusione ed uno speciale ***Bonus Speciale per Te*** in fondo.

Nel *Capitolo 1* spiego cos'è TikTok nel dettaglio e perché dovresti iniziare ad usarlo a prescindere dall'età che hai e se sei titolare di un'azienda o un libero professionista perché è importante aggiungerlo al tuo attuale Marketing.

Nel *Capitolo 2* ho fatto un breve elenco, non di certo esaustivo, sia di alcune delle storie di successo e i relativi guadagni dei più famosi TikToker sia di aziende con marchi mondiali che hanno fatto numeri strabilianti.

Nel *Capitolo 3* ho messo alcuni dei segreti principali e strategie importanti per usarlo al meglio che io stessa ho messo in pratica. Ho inserito anche una lista delle attrezzature che ti servono per girare in modo ottimale i tuoi video.

Nel *Capitolo 4* ho descritto nel dettaglio i passaggi di come approcciarti tecnicamente alla piattaforma, delineandoti anche le principali differenze con gli altri Social.

Nel *Capitolo 5* ho parlato di monetizzazione, ossia di come fare lucro con la piattaforma. E ti assicuro che ce ne sono di veramente interessanti, più di quanto si possa immaginare.

Prima di partire ho voluto fare un capitolo apposito, il prossimo, in cui ci ho tenuto particolarmente a raccontare della mia personale esperienza con il mondo di TikTok, iniziata, come ho scritto prima, poco meno di un mese fa. Troverai i motivi per cui ho scritto questo libro e dei fantasmagorici risultati che ho avuto.

E ora... viaaaa. Allaccia le cinture!

Chi sono io per scrivere un libro su TikTok?

"Ma… chi sei tu Raffa per scrivere un libro su TikTok?"
Hai ragione; se questo è quello che pensi, ti rispondo subito ed è giusto da parte tua saperlo.

Semplicemente e brevemente, sono una curiosa, una sperimentatrice, una donna a cui piace scoprire cose nuove, divertirsi e imparare. Una donna con un'instancabile sete di sapere. Una sognatrice poliedrica con l'aspirazione di provare più esperienze possibili nella vita, una divoratrice di libri (ne ho letti oltre 1.000!), di corsi on line nonchè dal vivo e… da poco meno di due anni a questa parte, *una felicissima scrittrice*. I generi su cui preferisco cimentarmi sono i manuali di Marketing, della vendita, branding e business in genere, della motivazione e realizzazione di sé stessi, della Pnl, ecc…

Questo che leggi è *l'ottavo libro* che scrivo: 5 li ho creati come Ghostwriter, mentre 3 li ho pubblicati a mio nome. Di questi 3, i primi due, trattano temi sulla crescita personale, autoaiuto, motivazione e nello specifico la scoperta dei propri sogni e la concretizzazione dei desideri. Entrambi sono BestSeller su Amazon. Uno l'ho pubblicato con Bruno Editore, l'altro in auto pubblicazione.

Poi… è nata l'idea di farne un altro, proprio su TikTok, il terzo. In quelli come da Ghostwriter ho trattato argomenti completamente diversi tra loro ma come ti ho scritto, amo apprendere svariate materie e se mi viene affidato un compito, come la redazione di un libro oppure testi per mailing list, come mio consueto modo di fare, studio in tutto e per tutto quel tema, a 360 gradi, cercando di captarne tutte le dinamiche e le sfumature.

E così ho fatto con TikTok. Difatti, questo esula dalla mia collana sulla realizzazione dei sogni e desideri, ma in parte no, perché scrivere è la mia più grande ambizione, quindi posso dedurre che anche questo ne faccia parte e rientra a pieni titoli nel mio curriculum da scrittrice.

Per quanto riguarda tutte le attività che mi sono ingegnata per produrre il manuale su TikTok sono state massicce e concentrate nel periodo delle Feste di Natale. Sì, perché nel momento in cui ho deciso di farlo, il 15 Dicembre, ho pensato alla prima data a me congeniale per pubblicarlo: il mio compleanno, il 31/01/2020. Esattamente come ho fatto un anno fa con il primo libro, ho avuto il nuovo desiderio di pubblicarne un altro nello stesso giorno. Le tempistiche non sono state dalla mia parte: un solo mese e mezzo per fare tutto, davvero poco, considerando che fino al 14 dicembre di TikTok non ne sapevo nemmeno l'esistenza.

A questo punto, dovevo a tutti i costi imparare e in fretta, iniziare una corsa proprio contro il tempo, in cui ho voluto essere io la vincitrice. Quando ho qualcosa che mi freme dentro e sento di potercela fare, di poter fissare un obiettivo realizzabile con tutte le risorse che ho a disposizione, facendo anche i dovuti salti mortali, non sto a perdere tempo. Mi rifornisco di tutto il necessario e parto.

Ho letto ogni sorta di libro disponibile, anche se a dire la verità non ce sono moltissimi a disposizione e per lo più sono in inglese (quindi li ho dovuti anche tradurre), ho guardato i video su Youtube, interviste, tutorial, esempi di guru già affermati, mi sono inscritta a gruppi su Facebook, partecipando alle discussioni e interagendo con altri TikToker.

E ancora, ho fatto ricerche, ho studiato interi articoli sul Web, ma soprattutto... ho messo le mani in pasta. Questo è stato l'ingrediente "segreto" che mi ha portato a ottenere i risultati che vedi. Certo, la formazione mi è servita come base di partenza, ma senza una devozione totale seguita dalla *pratica* a nulla sarebbe contato quello che ho fatto.

Com'è nata quest'idea?! Beh, TikTok mi ha letteralmente incuriosito oltremodo. Su Instagram vedevo spesso questi video "marchiati" TikTok e sinceramente pensavo fosse un programma per modificarli. Difatti, non ci ho mai dato più di tanto peso. Anzi, non mi sono assolutamente "preoccupata" di capire cosa fosse. Poi, un giorno, nemmeno un mese fa, il mio tatuatore, il 14 Dicembre, me lo fatto scoprire.

Personalmente, non credo che le coincidenze esistano: siamo noi stessi con i nostri pensieri, le nostre più ambite volontà che coviamo internamente ad attrarre le realtà che ci circonda, ed inoltre gli artefici del nostro stesso destino.

Sono andata a trovarlo perché, dopo avergli detto che stavo pubblicando il mio secondo libro, mi ha chiesto di passare in studio da lui per parlare di una collaborazione per un nuovo progetto a cui ha iniziato a lavorare. Tra una chiacchiera e l'altra, mi ha raccontato di TikTok e dei numeri che stava facendo lui. In diretta, grazie al suo aiuto, ho scaricato l'App sul cellulare, ho aperto l'account in men che non si dica ed ho iniziato a "giocarci".

Così, per scherzo e per fare una prova, ho messo il mio primo video: la Sissi, la mia cagnolina che mi porto sempre dietro, mentre saltava sulla mia sedia. In poco più di 10 minuti ha fatto 500 visualizzazioni.

"Accipicchia!" Ho pensato.
"Qui bisogna che ci capisca di più."

Appena arrivata a casa e nei giorni successivi l'ho usata, provata e ci ho smanettato parecchio e mi sono informata parechio: mi sono letteralmente sbizzarrita. Quando l'apri ti sembra di entrare in un baraccone. Non ne capisci le evoluzioni. Lo so bene. Sono le stesse sensazioni che ho provato io, ma dopo averci passato del tempo devo dire di averla rivalutata: da quel che sembrava un "passatempo" per ragazzini ne ho compreso le reali potenzialità.

E così l'illuminazione: voglio rivelare al mondo che mi circonda tutto questo.

Per assurdo, nel mio primo libro "1 MINUTO BASTA!" pubblicato con Bruno Editore, BestSeller Amazon nel 2019, decanto che 60 secondi sono sufficienti per entrare in uno stato meditativo talmente tanto profondo da permetterci di cambiare i nostri pensieri e di conseguenza le sorti delle nostre giornate, nonché delle settimane, mesi e anni... fino a farci raggiungere tutti i nostri più abiti sogni, in modo tale da vivere una *vita straordinaria*. Il trucco sta nell'iniziare a (ri)osservare le piccole/grandi cose che ogni giorno ci succedono e che ci passano accanto, come facevamo da bambini che con il passare degli anni abbiamo smesso di dargli peso, proprio in quel minuto di assoluta dedizione.

Con l'avvento di TikTok ho realizzato che addirittura in alcuni casi, appena 15 secondi bastano, o meglio, te li devi fare bastare: 15

secondi è il tempo massimo che hai a disposizione per fare i video e in solo questa manciata di secondi devi concentrare tutto quello che vuoi dire agli altri. C'è la seconda opzione, 60 secondi, ma non ne vedi molti: la maggior parte sono quelli brevi.

Io, la donna più prolissa di questo mondo ho imparato (e sto imparando) molto da questo approccio. Anche se al momento il target non sembra essere quello giusto, visto che la maggior parte degli utenti sono i giovani, per adesso usalo, perché dando tempo al tempo probabilmente farà "il botto" e non lo dico solo io. Molte celebrità, aziende, persino politici e imprenditori di un certo calibro, ci hanno già messo il proprio piede e se lo fanno loro, un motivo ci sarà.

Sto facendo esperimenti su esperimenti, prove e riprove, ed io che nonostante non godo della pazienza del creare questi tecnicismi devo ammettere che mi sto molto dilettando. Prima o poi avremmo dovuto parlarne, non lo si può più ignorare e quando arriveranno tutti in massa, sarà già tutto occupato. Ora, tu hai il vantaggio di poter sfruttare adesso questo momento di novità, e tornando alla tua domanda sui motivi per cui ho scritto queste pagine, sono due.

Il primo: come hai capito sono una persona ambiziosa e sto fondando la mia carriera sulla scrittura e se posso usare qualcosa di utile, nuovo e accattivante per sostenere il mio lavoro, ben venga.

Il secondo: sono profondamente convinta che chi possiede la conoscenza abbia il diritto e il dovere di espanderla. Se c'è qualcosa che può far star bene le persone attorno a me, perché non dir loro quello che ho provato, imparato e che mi sta dando delle soddisfazioni? Il mio personale modo di condividere le mie competenze apprese è, appunto, scrivere. Mi riesce bene, senza alcun vanto e arroganza di sorta. Ho questo dono e lo voglio utilizzare al meglio: difatti, so organizzare un libro, so progettarlo, crearlo e scriverlo. E allora perché non farlo?

Nella fattispecie, questo si è trasformato da idea a realtà in appena un mese. Anzi meno: 27 giorni. Come sostengo sempre: "E se non andasse bene?" Beh, ci ho provato. Mi sono cimentata ed ho impattato dapprima sulla mia persona e se solo riuscirò a fare altrettanto solo su un'altra ne sarò felice lo stesso.

Comunque vada sarà un successo!

Se hai 40 anni come me...

Quando ti confronti con l'App senti un certo disagio, perché ti sembra di essere un pesce fuor d'acqua: ha tutta l'aria di essere un ambiente poco ospitale, perché non ne capti le dinamiche, ma sono qui, tra queste pagine, per tranquillizzarti e dirti di avere pazienza e che grazie alle nozioni che troverai potrai anche tu entrarci in sintonia. Ho percorso il tuo stesso tragitto, ma adesso prova ad andare oltre le apparenze. E, se sono riuscita io, che nemmeno avevo idea di cosa fosse…

Adesso, praticamente gratis, su TikTok puoi avere una popolarità che le altre piattaforme ti fanno pagare a caro prezzo. Si presta a promuoverti a livello mondiale spendendo in pratica zero. E' il posto più semplice dove è possibile acquisire in pochissimo tempo visibilità organica senza pagare. Il motivo? E' che ora deve espandersi.

Puoi davvero essere il pioniere del tuo settore. Io ci provo e vedrò cosa succederà, sono davvero curiosa. Intanto inizia a smanettarci. Sia il treno di Facebook sia quello di Instagram sinceramente li ho persi quando era il momento giusto di investirci, invece quest'onda voglio cavalcarla seriamente. Mal che vada mi sono divertita, ho imparato altre cose.

TikTok permette a tutti, proprio a tutti, di esprimersi completamente, come ad esempio non vergognarsi dei propri difetti fisici, anzi trasformarli in un punto di forza. Ho visto ragazzi senza una gamba o braccia diventare delle celebrità perché giocano di autoironia. C'è chi diffonde i sentimenti per la sua ragazza, chi vuole abbattere i muri sulle tendenze sessuali, chi anche semplicemente desidera mettersi in mostra e sfida allegramente gli altri, chi inventa ogni sorta di tipologia di video e libera la sua smania, chi cerca di trovare un posto nel mondo, chi esprime se stesso in tutto e per tutto con i suoi gusti e preferenze, chi tenta di diventar famoso, diffondendo, perché no? anche sentimenti negativi o comunicando al mondo chi sono e cosa sognano davvero. Trasmettono le peculiari caratteristiche individuali, i talenti fisici e artistici, ma anche paure, timori, difficoltà ed ansie nell'affrontare la quotidianità.

La compartecipazione in tutto e per tutto è l'unica parola d'ordine.

La velocità con cui si impara a fare filmati con effetti degni dei migliori Studios è inverosimile e per me questo è stato determinante: non mi piacciono le cose troppo tecniche. Devi solo avere inventiva e farti apprezzare. Il punto a favore è che hai immediatamente un feedback su cosa funziona e su cosa no. Alcuni miei video hanno fatto 50 visualizzazioni. Altri 500 in appena mezz'ora... altri ancora appena qualcuna. Non è un problema. S'impara e si parte da lì. Non vi è una linea guida specifica per cui a priori sai se funzionerà: è il solo pubblico a stabilirne il successo. Alcuni video che pensavo fossero "la figata" del secolo sono stati un flop, altri messi "tanto per" invece sono letteralmente esplosi.

La cosa fondamentale è viverla senza lo stress e l'ansia dei numeri (che sono in ogni modo importanti da monitorare), tuttavia io cerco di divertirmi e liberare tutta la mia creatività, sorriso e allegria. È allineato alle mie corde e stile di vita. I giovano, con il loro entusiasmo, sono una ventata di aria fresca e per quello che mi riguarda mi piace molto osservarli e... prendere anche spunto per i miei di contenuti.

Poi, c'è un altro grosso vantaggio di TikTok: è possibile capire cosa passa per la testa dei ragazzi, rompendo quel muro di incomunicabilità tra le generazioni. Se, noi "grandi" teniamo la mente aperta di chi vuol ascoltare e non solo criticare perché non si conosce riusciamo davvero a ridurre al minimo questo divario, conoscendoli, per l'appunto, più da vicino.

A parte la fase iniziale cerca di essere coerente e pubblicare i video dello stesso argomento. Io ho scelto la mia nicchia e inizierò a usarlo per divulgare gli aspetti della scrittura e lettura. Cosa vuoi che interessi ad un ragazzino dei libri, della crescita personale, della scrittura e lettura? Forse, adesso non molto. Ma sono fiduciosa. Entrare in "rapport" con loro, utilizzando lo stesso linguaggio, modi di fare ed esprimersi, per poi fargli apprezzare anche questo aspetto della vita è la mia missione su TikTok. Sono consapevole che sia difficile, ma non impossibile. Anzi, i primi risultati già parlano chiaro.

E poi magari oggi ho questo focus, ma poi che ne so mi verranno anche in mente altre idee. E ti assicuro che TikTok, o meglio dire, gli adolescenti si prestano davvero moltissimo a dartene. Non sai mai cosa possa succedere.

Per esempio, grazie a questo libro ho conosciuto Alessio con cui è nata una proficua ed entusiasmante collaborazione per entrambi. Dove ti può portare ogni esperienza che fai non ci è dato saperlo fino a quando non lo provi. Tanto non costa nulla.

Ps: nessuno mi paga per sponsorizzare TikTok, la scelta è stata solo ed esclusivamente mia di voler scrivere questo libro. Iniziamo...

Capitolo 1:
Come fare business con TikTok

Come già scritto, TikTok da semplice applicazione è diventata un vero e proprio Social, per la di condivisione video. Non credo che possa sostituire Facebook, Instagram o altre in questo momento ma di certo si aggiungerà ai Social che quotidianamente utilizzeremo, dato che i video stanno prendendo sempre più piede. Il fascino della fotografia c'è e rimarrà sempre, ma i filmati "emozionanti" stanno diventando il mezzo preferito di comunicazione. Questa sarà un'altra piattaforma, che ci darà la possibilità di aumentare la nostra visibilità e di poter investire denaro in campagne pubblicitarie, come già lo fanno le altre.

Quest'applicazione è un Social Network basato su brevi videoclip con il vantaggio della componente musicale già precaricata. Gli utenti possono registrarli e modificarli dal proprio smartphone, dare e ricevere cuori, l'equivalente dei "Mi piace" di Facebook, lasciare commenti e condividerli.

Quando vi si accede va direttamente sulla Home, nello specifico nella pagina "Per Te", dove ci sono i video suggeriti dall'algoritmo della piattaforma in base anche ai tuoi interessi mostrati, quelli di tendenza e di moda che stanno ricevendo più like e condivisioni. Riuscire a posizionare il proprio video nei "Per Te" è una vera e propria benedizione. Con i miei ci sono riuscita un paio di volte e difatti hanno preso il volo. A seguire ho scritto alcune delle tecniche che servono per arrivarci.

Da qui basta scorrere lo schermo per passare da un video all'altro: verso l'alto passi al successivo, verso il basso a quello precedente. Sempre dalla stessa schermata puoi scegliere di vedere, cliccando sulla parola in alto "Seguiti", i video delle persone che abbiamo deciso di seguire. Come Instagram. Anche qui vale lo stesso discorso: di solito appaiono quelli più famosi e per cambiare video, basta scorrere in alto o in basso.

Il contatto con qualsiasi persona che ne faccia parte è davvero immediato. Il suo utilizzo sempre più intenso ha permesso di creare anche veri e propri nuovi trend, da tutto il mondo, portando TikTok a diventare il luogo virtuale dove promuovere nuove mode e nuovi utilizzi. I settori che maggiormente vengono coinvolti sono tantissimi: musica, make-up, moda e abbigliamento, artigianato, alimentazione, ballo, sport, ecc…

Ci sono ragazzi da ogni parte del pianeta che unendo la facilità di utilizzo della piattaforma alla propria voglia di mostrare con questi video di appena 15 secondi le proprie abilità stanno cambiando le sorti delle nostre vite. Scrivo "nostre" perché ne facciamo parte anche noi, seppur per adesso in modo indiretto e inconsapevole e stai pur certo che saremo presto chiamati in causa da questo sistema. E' un'onda che si sta propagando, quasi "silenziosamente" pronta a espandersi prepotentemente. Per avere riprova che quello che sto scrivendo sia vero, chiedi a qualsiasi adolescente con uno smartphone se è presente TikTok e avrai risposta positiva, sicuramente. E questi ragazzi sono i nostri figli, i nipoti, i loro compagni di scuola, ecc… pertanto tutto il mondo ne è già "dentro".

A questo punto vale proprio la pena investirci del tempo e perché no? nel prossimo futuro del denaro. E se proprio non vogliamo farci travolgere cerchiamo di capire perlomeno di cosa si tratta.

La cosa che mi ha molto colpito è la spensieratezza e la naturalezza con cui ragazzi, spesso giovanissimi, siano disposti a mettersi in gioco dinnanzi ad un telefono nonostante il giudizio altrui.

Rispetto a quello che si pensi, la solidarietà spesso la fa da padrona.

Dal ragazzo che fa fatica a camminare e fa vedere i suoi progressi, altri senza braccia che si espongono a ballare, giovani con malformazioni serie che lanciano sfide e giocano di autoironia, ragazzine in carne che si mostrano per quello che sono e vanno avanti determinate abbattendo quei muri imposti (chissà poi da chi...) di bellezza perfetta. I loro video, i commenti di vicinanza spopolano.

I casi di cyberbullismo e gli haters ci sono ovunque, non è la piattaforma che li crea, questi sono da mettere in conto. Tuttavia, la voglia di partecipazione, l'alto numero di condivisione di questi tratti di vita reale vissuta, i commenti di vicinanza è come se mettessero a tacere il lato oscuro dei giudizi. Non è, quindi a mio personale parere, un Social come si potrebbe credere dall'esterno così banale, scontato e superficiale.

Bisogna andarci a fondo, viverlo, testarlo, provarlo, entrare in empatia con i TikToker, smetterla di osservarli dall'alto verso il basso, per capire cosa succede lì dentro, in quello che potrebbe essere considerato un mondo a parte, ma che in realtà è già presente anche nelle nostre di vite.

Proprio oggi mi sono imbattuta in una donna di 89 anni che si è messa a fare i video. Sì, esatto, una novantenne! La prima impressione che si potrebbe avere è quella di una donna pazza o isterica, che arrivata alla deriva, gioca le sue ultime cartucce sulla piattaforma. Invece, se osservi bene ogni video, passa il suo personale messaggio in maniera molto chiara: "Non aspettate troppo a fare le cose, mettetevi sempre in gioco e non smettete mai di ridere e divertirvi e far divertire."

Questo è quello che riguarda le persone "comuni", che poi tanto "comuni" non lo sono, visto che diventano anche piccole/grandi star, come dagli esempi che troverai nel Capitolo 2.

Per quello che riguarda i veri e propri colossi mondiali, ne stanno sbarcando sempre più e in maniera massiccia. Ad esempio Guess,

RoadHouse, il Washington Post (sì, hai letto bene, un quotidiano di notizie), la multinazionale informatica statunitense Hewlett Packard HP, sono entrati in TikTok ed hanno avuto un'esplosione di fan, follower, condivisioni. Nel prossimo capitolo troverai nello specifico i casi studio, grazie ai quali ti renderai conto tu stesso di quello che stanno realizzando.

Quindi, a mio parere, continuare a mettere la testa sotto la sabbia come gli struzzi e far finta di niente non ci porta ad avere nessun beneficio e peggio ancora è probabile che si arrivi tra un anno o tra qualche mese ad avere dei rimpianti perché non si ha cavalcato l'onda al momento giusto. Ovviamente la sfera di cristallo non la possiede nessuno, magari esplode, magari no, magari Facebook e Instagram prenderanno tutte le funzionalità la faranno morire. Ma chi può saperlo? L'unica via di uscita è… provarci.

Perché questo è il momento giusto in l'Italia per entrare in TikTok?

Esperti Marteketers dicono sia adesso il momento giusto per entrare nella piattaforma, sia a livello personale, sia soprattutto a livello di Marketing e Business se hai un'azienda o sei un libero professionista. Dalla loro analisi e riflettendoci bene è proprio così: sposo in pieno anche io questa teoria. Difatti, sostengono, come la storia insegna che tutti i Social seguono lo stesso ciclo vitale come in una curva, riassumendola in tre fasi.

Nella prima, quella dell'esplosione, vi è la crescita con un considerevole aumento degli utenti. Poi nella seconda abbiamo lo stallo in cui la linea è in pratica piatta per arrivare alla terza fase, quella del declino in cui c'è la discesa.

Attualmente TikTok si trova nella prima fase, quella di nascita e conoscenza, soprattutto in Italia, dove gli utenti sono appena circa 3 milioni, rispetto ai circa 30 di Facebook. Quindi il solo 10% del potenziale. Quando viene lanciata una piattaforma è utilizzata dapprima dai giovani, perché hanno il tempo, hanno la mentalità aperta, non hanno tutti i freni che abbiamo noi adulti. Non si fermano in un posto solo perché è "ormai" sicuro. Anzi. Sono incentivati e vivere nuove esperienze, e scappano da dove ormai si comincia a sentire puzza di muffa, di liti, di discussioni (come attualmente Facebook) e pesantezza. I ragazzi provano, non hanno paura di sbagliare, vogliono divertirsi, certamente con l'incoscienza della giovane età, non lo metto in dubbio, ma è questo il bello. Lo ricordiamo quando anche noi avevamo 20 anni? Eravamo uguali, ma adesso da "adulti", ci sentiamo "saggi", pronti a puntare il dito contro e a dare consigli non richiesti. E invece, proprio grazie alla maturità acquisita dovremmo imparare da loro e con un po' di elasticità avvicinarci a questa nuova esperienza. Ovviamente i teenager inseriscono contenuti in linea con la loro età ed è per questo che la maggior parte dei video "sembrano" banali e insignificanti.

Così è stato per Facebook, per Instagram. Secondo lo stesso ciclo vitale di cui prima, ad esempio, in Facebook all'inizio c'erano i collegiali, poi è stato invaso man mano dai personaggi famosi, brand, aziende, investitori, professionisti, portando con sé i fan, i seguaci e di conseguenza l'età dell'utente medio si è alzato fino a diventare quello che utilizziamo oggi. Delle sorti di Facebook non ci è dato saperlo, tuttavia un dato molto importante dovrebbe farci riflettere: i giovani sono in calo del 40%. E dove sono andati? Semplice...

Ora TikTok è "vuoto", è facile crescere, ed è pronto ad esplodere.

Se parti con largo anticipo sugli altri ti posizioni tra i primissimi, se non addirittura il primo, sei lì davanti. Poco a poco che aspetti i posti vanno esaurendo, o meglio, diventa sempre più cara la visibilità. Adesso è praticamente gratuita poi, a mano a mano che vi approderanno maggior numero di utenti, diventerà sempre più salata. Chi faceva sponsorizzate su Facebook, ricorda senz'altro che i primi anni ogni lead costava appena qualche centesimo. Nulla rispetto ad oggi. Avrai notato il notevole costo in amento. Certo è possibile e bisogna ancora farci business, Facebook rimarrà il più grande centro commerciale del mondo per i prossimi anni, tuttavia bisogna avere una grande oculatezza e fare studi approfonditi per non rischiare di pagare una fortuna senza il giusto ritorno.

L'attuale "deserto" di TikTok è un vantaggio competitivo non indifferente e, se solo ti soffermi a notare come si evolvono i Social, non ti farai scappare quest'opportunità, perché sarà il bacino dei tuoi futuri clienti visto che tutti si sposteranno al suo interno. Se il tuo brand è adatto ai teenager allora sei tra i fortunati che velocemente e con poco sforzo possono già monetizzare TikTok, in caso contrario potresti pensare di lanciarti e fare qualcosa di diverso, oppure fare video e mettere contenuti secondo il tuo target, ma usando lo stile della piattaforma e avere pazienza. Ma di come utilizzare nello specifico TikTok te ne parlo nei prossimi capitoli, perché a prescindere dal settore in cui operi, è possibile dirottarlo a tuo vantaggio.

Quando ti ho scritto di provare a ragionare se effettivamente puoi utilizzare TikTok per cimentarti in qualcosa di diverso, lo dico con cognizione di causa. Nel Capitolo 5, infatti ho inserito alcuni modi, presi direttamente oltreoceano, che ti potrebbero dare ottime soddisfazioni per lucrarci. Fare carriera su Internet non è così folle come sembra. Ad esempio, molteplici sono gli influencer che su YouTube, Instagram, Snapchat e Twitter promuovono attività commerciali e prodotti sulla loro pagina dopo aver creato il proprio bacino di utenti.

Io non voglio e non posso convincerti di nulla, ma provare non costa nulla. Non sai mai dove ti possa portare la vita. E' un opportunità che vale la pena di essere colta e che puoi usare a tuo vantaggio per crearti qualcosa di davvero interessante. Di spunti e di opportunità ce ne sono moltissime. Sta a te vedere dove vuoi porre la tua attenzione o rinunciare, ma di certo non si può negare che sia davvero possibile. Non dico che sia tutto facile e scontato. Anzi le cose più semplici sono quelle più difficili. Viviamo in un'epoca dove tutto è veloce, dove tutto cambia, dove il lavoro non dura tutta la vita e così anche i Social, tutto ha un inizio ed una fine con una rapidità quasi spietata. La tempistica è tutto: ed ora tu puoi decidere se prendere e pretendere la tua fetta di torta.

Chi "parla contro" TIkTok quali credenze ha?

Come normale che sia, ci sono anche pareri negativi contro TikTok. Vediamoli. C'è chi dice che non sa come approcciarsi, che non serve a nulla, che ci sono i pedofili, che è un covo dove si moltiplica il cyberbullismo, che crea dipendenza, che è per teenager, che è superficiale. Tanti luoghi comuni basati a mio avviso su presupposti sbagliati.

Per quanto riguarda la questione del non capirne l'utilizzo materiale, beh... ci sono molteplici manuali, compreso questo, e con il tempo si può imparare ad utilizzare al meglio l'applicazione e quindi perfezionarsi.

Per quello che riguarda il cyberbullismo, la dipendenza e l'abuso da parte dei ragazzini è una responsabilità degli educatori, quali genitori e insegnanti trasmettere ai teenager un giusto approccio. Il problema non è della piattaforma in sé, ma dell'uso che se ne fa. Sono le figure adulte che dovrebbero insegnargli, proteggerli e informarli sul mondo del Web. Non è sopprimendo la realtà che si risolve. TikTok esiste, Facebook, esiste, i Social esistono e sono parte integrante della nostra vita quotidiana.

Lungi da me dare insegnamenti, ma di certo non è accusando e puntando il dito contro qualcosa che si risolve la questione. La via giusta è parlarne, condividere insieme l'esperienza, considerare i pro e i contro nel far capire loro la linea che suddivide la realtà e la finzione che ormai è sempre più sottile. Una giusta educazione, il trasmettere i valori corretti relativi all'approccio del Web sono un ottimo punto di partenza.

Quando ero adolescente c'erano gli stessi pericoli. Non sono cambiati, è solo cambiato solo il posto. Adesso sono più a portata di mano, quindi è necessario avere ancora di più un occhio vigile ed attento da parte degli adulti, facendo da filtro e da guida. Da genitore a mio parere è meglio capire dove sono i figli, entrarci in contatto, cercando di capire e conoscere i meccanismi della piattaforma, stando vicini e affiancando i ragazzi. Documentarsi ed entrando in empatia con loro sicuramente potrebbe essere un ottimo mezzo. Non è incolpando TikTok che i problemi vengono risolti. E' la consapevolezza di un giusto utilizzo che fa la vera differenza. E questa è coscienza che deve partire dagli adulti, educatori che ruotano attorno ai ragazzi.

Ed ora, nel prossimo capitolo, alcuni dei successi che ha sfornato la piattaforma: altro che chiacchiere!

RIEPILOGO DEL CAPITOLO 1:

- SEGRETO n. 1: TikTok, nata come un'App, si è evoluta grazie all'enorme successo in un vero e proprio Social, pronto ad esplodere, com'è già successo all'estero. Come storia insegna, ora è invasa dai ragazzini, ma grazie all'ingresso anche di aziende, personaggi famosi, brand di fama mondiale l'età media si alzerà portando con sé anche i tuoi prossimi clienti. E' un processo fisiologico e naturale com'è stato per Facebook, Instagram e altri Social.

- SEGRETO n. 2: Questo è il momento giusto per entrarci. Ad oggi sono solo 3 milioni gli utenti in Italia rispetto ai 30 di Facebook. E' nella fase della crescita, quindi puoi essere tra i primi pionieri che si aggiudicano i posti migliori. Per ora puoi avere visibilità praticamente gratis.

- SEGRETO n. 3: Eliminate le considerazioni errate i luoghi comuni sbagliati che si hanno la puoi davvero sfruttare a tuo enorme vantaggio, riuscendo a monetizzarla in diversi modi.

- SEGRETO n. 4: In quanto adulto e/o educatore dei ragazzi è una tua responsabilità insegnar loro un uso consapevole della piattaforma.

Capitolo 2:
Come diventare famoso con TikTok

Ogni giorno si possono leggere casi di ragazzi, nemmeno maggiorenni, che con molta semplicità hanno letteralmente sfondato in TikTok e sono entrati negli smartphone di migliaia di loro coetanei. Qui non si parla di teoria ma di risultati ben tangibili.

I Muser o TikToker, così chiamati gli influencer della piattaforma, sembrano più "reali" e più liberi di sperimentare qualsiasi cosa. Rimarrai senz'altro stupito nello scoprire che quelli con maggiori follower sono coloro che mai e poi mai diresti o che t'immagineresti: il ragazzo che insegna Hip Hop o quello che gioca alla Play Station, la ragazzetta che imita i cantanti famosi o quella che fa tutorial sul trucco. Ballerini di ogni genere, aspiranti maghi, chi s'inventa ogni sorta di parodia comica, disegnano, imitano, cantano, creano video con effetti spettacolari.

I numeri sono concretamente da capogiro!

Se nel marketing tradizionale il contenuto deve attirare l'attenzione il più possibile numero di utenti, in questa piattaforma è l'utente stesso che in prima persona "crea" la campagna stessa, creando un'innovativa strategia marketing... a mio avviso molto probabilmente senza nemmeno saperlo. Non solo le challenge di alcuni noti brand hanno registrato livelli altissimi di engagement ma hanno generato anche parecchio interesse al contenuto mostrato.

Da procedimento passivo, qui il marketing potrebbe diventare attivo: si "fa" in prima persona e non si subisce. Quella che abbiamo di fronte potrebbe essere una rivoluzione del concetto di pubblicità. Il segreto? Molto semplice. Chiunque crei i propri video in risposta ad una challenge (dopo ti spiego nel dettaglio di cosa si tratta) o ad un trend con gli Hashtag ha la sensazione di far parte di una community, anche solo mettendo un cuore o rispondendo con un commento ai video dei brand.

I contenuti si creano ad una velocità disarmante, sono brevi, creativi e dalla potenzialità di diventare virali in un batter d'occhio. Senza altro chi gode di parlantina, immaginazione e intraprendenza è molto avvantaggiato rispetto alle persone introverse, anche se chiunque può trovare il coraggio di lanciarsi a registrare i video. Coraggio perché nella maggior parte sono ripresi gli autori stessi, ma questo non toglie che si possono anche fare a cose o a situazioni diverse. L'importante è divertirsi: questa è la parola d'ordine.

I TikToker più famosi e seguiti si fanno pagare anche fino a 300.000 Euro per un post sponsorizzato. I profili più popolari guadagnano grazie a queste e al Product Placement. Da Wikipedia, il Product Placement è una forma di comunicazione commerciale che consiste nell'inserire o nel fare riferimento a un prodotto (a un servizio o a un marchio) all'interno di un contenuto narrativo già precedentemente costituito ed architettato, quale ad esempio un film cinematografico, un programma di intrattenimento televisivo, un videogioco, ecc.. riuscendo ad integrarsi e addirittura ad interagire con esso. Tale inserimento avviene dietro pagamento di un corrispettivo da parte dell'azienda che viene pubblicizzata.

Gli utenti con milioni di follower al seguito ormai sono dei veri e propri "Teen Idol" e quindi il loro patrimonio si arricchisce non solo per la pubblicità nei video, ma anche grazie a quello che ne consegue dopo: apparizioni in TV, partecipazioni a eventi, creazione di merchandising brandizzato, scrittura e promozione di libri, partnership con marchi famosi. Senza contare che la maggior parte dei TikToker ha anche un canale YouTube o un account Instagram molto seguito da cui traggono altro profitto.

Prendiamo, la più famosa, **Baby Ariel**, la TikToker più seguita al mondo. Il suo account vanta quasi 30 milioni di follower e su Instagram ne conta 9,5 milioni. La giovane 19enne collabora con grandi marchi, ha lanciato una linea di prodotti brandizzati e ha pubblicato diversi singoli musicali. Il suo patrimonio netto stimato è pari a 1 milione di dollari.

Loren Grey, partendo da TikTok è riuscita a guadagnare, secondo le stime, 300.000 dollari, oltre a ingaggi su Instagram e YouTube. Ha 37 milioni di follower su TikTok.

Kristen Hancher, modella, influencer su Instagram e star di YouTube ha guadagnato ad oggi 400.000 dollari.

Jacob Sartorius, ex fidanzato di Millie Bobby Brown, ha lanciato sulla piattaforma il suo primo singolo, raggiungendo 55 milioni di visualizzazioni su YouTube. Il suo patrimonio netto stimato è di circa mezzo milione di dollari.

E in Italia? Anche il nostro paese ha i suoi TikToker in grado di guadagnare cifre incredibili che hanno scelto, o meglio, sono riusciti a crearsi la professione di Muser.

Elisa Maino è stata la prima web star italiana su Musical.ly a superare il milione di seguaci, e dopo aver scritto il suo primo libro "Ops", è sbarcata poi al cinema con il film dallo stesso titolo: un documentario sulla sua vita. Ha dato poi seguito con il secondo libro "Ops2, Non ti Scordar di Me".

Luciano Spinelli, ha pubblicato due libri e vanta milioni di fan anche su altri Social. Infatti, il suo primo video su YouTube ha registrato 600mila iscritti e in pochissimo tempo ha raggiunto 10 milioni di visualizzazioni. Il suo account Instagram vanta oltre 1,5 milioni di follower.

Virginia Montemaggi, appena maggiorenne, su Musical.ly è riuscita a raggiungere oltre 2 milioni di follower e più di 131mila su YouTube grazie ai tutorial sul trucco. Anche lei ha scritto il proprio libro "The Battle. La Sfida."

Marta Losito, con oltre 2,3 milioni di follower su TikTok, 1,2 su Instagram e quasi 600mila su YouTube, ha ottenuto il successo anche grazie alla pubblicazione del suo libro "Nonostante" seguito da un altro "Te lo Prometto".

Iris Ferrari, 16enne che ha all'attivo anche lei già due libri, il primo, "Una di Voi", l'ha trasformata in un vero e proprio idolo dei teenager, e il secondo, "Le Nostre Emozioni", l'ha consacrata definitivamente. Su Instagram conta su 1,2 milioni di follower, su YouTube 683mila iscritti.

Isamantha Frison, attraverso il suo canale YouTube, dove racconta la sua vita di tutti i giorni, dà consigli di moda e trucco, accetta challenge divertenti dai fan, parla anche di bullismo e cyberbullismo; ha creato una vera e propria comunità che ruota attorno a lei. Il suo profilo su TikTok ha superato 1,6 milioni di follower. Anche lei autrice, il suo libro "Basta un Click".

Jenny de Nucci, con un milione di follower su Instagram e su TikTok è approdata anche al cinema con un progetto presentato al Festival del Cinema di Venezia. E' sbarcata in televisione con "A un Passo dal Cielo 5" e "Il Collegio". Ha pure lei pubblicato il suo primo romanzo "Girls, Siamo tutte Regine".

Marco Cellucci, su YouTube conta su quasi 360mila iscritti al suo canale, in cui posta video nei quali racconta la sua vita. Ha appena pubblicato il suo primo libro, "Tutto si può ballare".

Eloeonora Olivieri, su YouTube conta su oltre 837mila iscritti e 624mila follower su Instagram, ha scritto ben 5 libri.

Questi sono alcuni degli esempi di "baby" influencer alla riscossa, che lucrano come, e a volte anche di più, degli adulti. Tutti loro hanno seguito la moda di TikTok e non si son fatti alcun problema a condividere e passare i video da una piattaforma all'altra, collezionando migliaia e migliaia di follower. Questo metodo te lo spiego nel Capitolo 5, dove approfondisco il motivo per cui è importante "far comunicare" tra loro le diverse piattaforme e come poter lucrare: questi ragazzi sono l'esempio lampante di come sia possibile. Fanno rimbalzare i follower da una parte all'altra, adattando il contenuto e fregandosene altamente di quello che pensano gli altri. Sono contattati continuamente da aziende che vogliono fargli promuovere i propri prodotti, perché ci hanno visto "lungo" cogliendo il loro momento di popolarità. Certamente non gli affidano prodotti per la caduta dei capelli o creme anti-age, ma troveranno senz'altro a breve anche il segmento di pubblico adatto ai prodotti per gli adulti.

Una linea comune tra di chi posta è la "casualità" dei video: son stati fatti (all'inizio) senza uno scopo, solo per il puro piacere della condivisione, privi di una reale motivazione di soldi, creati solo sulla base di un'emozione scatenante, quale ad esempio stupore, gioia, meraviglia e (perché no?) tristezza legate alle vicissitudini della vita quotidiana. Non video dalla qualità perfetta, non con intenzione, è stato solo qualcosa che ha funzionato. Questo significa che ogni secondo che passa, ogni minuto, qualcuno, un ragazzino, una ragazzina, con la sua ingenua creatività sta diventando una persona famosa e raccogliendo la sua fama. E noi qui a farci problemi, a farci domande, abbiamo timore della telecamera, ci facciamo mille pippe mentali e stiamo a criticare.

Proprio mentre stai leggendo qui, loro abbracciano il successo, diventando delle "mini" star. Mini in termini d'età, perché come ti sei accorto dai numeri, qui non c'è proprio nulla di così "esiguo".

Ora, loro hanno fatto da apripista. Utilizza questi esempi per applicarli alla tua realtà. Ti ricordo ancora una volta la semplicità disarmante dell'utilizzo di TikTok. Puoi mettere sottofondi di musica, tagliare, incollare, velocizzare, rallentare, fare duetti e reaction, aggiungere effetti speciali, realizzabili direttamente dal cellulare alla portata di chiunque: non puoi dire di non avere sufficienti idee, perché è la piattaforma stessa a dartene continuamente. Nei miei "Preferiti" e "Bozze" ho così tanto materiale da poter prendere come esempio che mi basta da qui a mesi e mesi. La brevità dei video è una fortuna, ma può essere una sfortuna perché non hai molto tempo, devi essere smart e d'impatto, tutto fatto velocemente ed immediato.

Ma… adesso parliamo di grandi marchi che hanno saputo abbinare TikTok alla Generazione Z. La generazione Z racchiude i nati dall'anno 2.000, quindi gli attuali maggiorenni.

RoadHouse, la nota catena alimentare di carne alla griglia, ha creato un progetto con collaborazione con i TikToker più noti, coinvolgendo di conseguenza anche i loro fan. Difatti, ha debuttato nell'interpretazione della coreografia #RibsDance, usando questo Hashtag con tanto di colonna sonora originale prodotta appositamente. La scelta del naming "RibsDance" si ispira a uno dei piatti più iconici di RoadHouse, molto apprezzato dai ragazzi. La coreografia mima gesti che rimandano alla tavola, mentre la musica punta a invogliare gli utenti a scatenarsi nel ballo grazie al ritmo incalzante. I risultati nelle prime due settimane sono stati molto interessanti, più che per i follower, per le visualizzazioni e utilizzo dell'Hashtag: *oltre 1 Milione*. Questo può darti l'esempio di come può visibilmente aumentare la visibilità del tuo marchio.

Gli step che hanno utilizzato sono molto semplici, gli stessi che puoi modellare sul tuo caso. Vai su TikTok e crei l'Hashtag, controllando che già non ci sia, lanci il primo video con tanto di canzone e istruzioni del contest. Gli utenti saranno incentivati a fare il video usando proprio quella coreografia e quel suono (ancora una volta, inutile dirti che la funzione è facilissima) con il Tag alla tua azienda.

Tu da parte tua, come azienda fai la promessa di condividere e far diventare virali quelli più divertenti sul tuo account e il gioco è fatto. Centinaia di ragazzi, desiderosi di diventare famosi, s'ingegneranno in ogni sorta di coreografia. O ancora potresti ad esempio mettere in palio premi, buoni, sconti, ecc... non devi fare altro che sbizzarrirti. RoadHouse è stata la prima catena di ristoranti in Italia ad aprirsi a questa piattaforma, sperimentando con coraggio il digital, con un'ottima riuscita, ovviamente.

Decisioni coraggiose, portano a risultati straordinari.

Chi decide di far questo tipo di promozioni si basa sul concetto di creare e condividere un video con una challenge apposita, spingendo le persone attraverso la promessa di ricevere premi, immediati o a sorte in cambio. Chiaramente devono essere challenge simpatiche, entusiasmanti, cucite sui frequentatori della piattaforma.

Un altro esempio, **McDonald's**, ha collaborato direttamente con TikTok, creando un concorso cucito su di sé, chiamato #BigMacTikTok challenge. Per farne parte, gli utenti dovevano mostrarsi ballare scegliendo una delle diverse clip musicali precaricate. Tutti coloro che avrebbero postato un video con l'Hashtag costruito appositamente si sarebbero riservati un BigMac gratuito. Cos'ha portato questo? Nemmeno a dirlo. McDonald's ci ha guadagnato in pubblicità grazie alla "sua" challenge virale in tutto il mondo, collezionando centinaia, migliaia di indirizzi e-mail, numeri di telefono, follower, nuovi utenti, like, commenti, Tag, facendo a sua volta pubblicità al nuovo Social.

Il famoso marchio di moda mondiale, **Guess,** grazie ad accordi commerciali presi direttamente con la piattaforma, ha creato una campagna apposita destinata agli utenti di TikTok. Per un certo periodo di tempo, chiunque vi accedeva veniva automaticamente indirizzato alla #Inmydenim challenge, la quale li ha spinti a pubblicare un video utilizzando quell'Hashtag indossando proprio un indumento Guess e non solo.

A differenza dell'esempio di McDonald's non c'erano premi, quello che ha spinto gli utenti a creare il proprio video con questo Hashtag è stata la voglia e la speranza della viralità, basato sempre sul piacere dello svago. Questo non ha precluso a Guess di generare una pubblicità enorme a livello internazionale.

Un altro caso ancora. La National Basketball Association, **NBA**, la lega professionistica di pallacanestro americana e canadese ha creato video su misura per i TikToker. Infatti, a differenza del suo canale Instagram, che si concentra esclusivamente sullo sport, i post su TikTok mostrano il lato più "leggero", ricreativo e spiritoso dell'organizzazione. Ad esempio, pubblicano spesso video di giocatori che si allenano a ritmo di musica, ballano sul campo e le avventure della mascotte. A breve NBA ha intenzione di pubblicare post motivazionali. Ad oggi conta 5 milioni di utenti.

Eh, ma loro giocano e vincono facile: si tratta di moda, di mangiare, di sport: argomenti già vicini ai giovani... Allora lascia che ti riporti anche altri tre esempi in totale contrapposizione come tipo di target, ma che comunque hanno ottenuto avuto ottimi esiti.

Ad oggi la multinazionale informatica statunitense Hewlett Packard, **HP**, ha pubblicato solo tre video, ma ha deciso di partire lanciando la challenge #HPCoachellaDreamland. Hanno arruolato alcuni grandi influencer di TikTok per dare il via alla sfida. Il più grande è stato OurFire, che ha 5,3 milioni di fan, riuscendo a fare oltre 176 milioni di visualizzazioni, nonostante i soli tre video. Niente male, eh? Ma... il ritorno economico? Mah, lo sapremo, ma adesso è importante collezionare questi numeri perché sicuramente in un futuro gioveranno. La linea comune è sempre la solita: collaborare, collaborare, collaborare.

Il Fondo Internazionale per lo Sviluppo Agricolo, **IFAD**, appartenente alle Nazioni Unite mira a combattere la fame nel mondo promuovendo l'agricoltura rurale. Anche loro hanno deciso di utilizzare TikTok per diffondere questo tipo di consapevolezza. Mentre gli esempi di cui ti ho parlato hanno utilizzato il divertimento per coinvolgere i fan, l'IFAD ha adottato un approccio completamente diverso: hanno creato post informativi e video motivazionali che incoraggiano in modo ottimistico gli spettatori a cambiare il mondo. Infatti, pubblicano cortometraggi di persone che coltivano da ogni parte del mondo.

Quello che vogliono trasmettere è un messaggio importante: è possibile imparare come funziona l'agricoltura e supportarla potrebbe risolvere la fame nel mondo. Questa è la prova di come diventare creativi può aiutare il proprio marchio a diffondere consapevolezza su argomenti più seri, come l'agricoltura o la fame nel mondo, attraverso la realizzazione di video con musica allegra, sfide fatte per coinvolgere, motivare e intrattenere il pubblico allo stesso tempo.

Osservare la strategia dell'IFAD potrebbe essere utile per le aziende o le organizzazioni con una missione importante e non solo legata agli hobby. Anche sembrando contro intuitivo o innaturale per il tipo di piattaforma loro sono la dimostrazione pratica che invece tutto è possibile.

*Questa è la stessa strategia che ho iniziato ad utilizzare personalmente per divulgare la **bellezza** e l'*importanza* della **lettura** e della **scrittura** attraverso il mio account.*

Continuiamo: anche il **Washington Post**, il quotidiano statunitense, ha scelto di pubblicare su TikTok. Nonostante la "serietà" associata al nome, di cui si penserebbe che postassero solo notizie, in realtà sono impegnati a creare e pubblicare video comici che si svolgono dietro le quinte e scenette sulla vita in redazione. Questi video si adattano perfettamente alla piattaforma perché sono divertenti, musicali e comprendono alcuni degli effetti speciali più strani di TikTok, quindi danno un'aria più leggera al giornale stesso, quindi più coinvolgente.

Il Washington Post dimostra come i marchi possano avere successo su una determinata piattaforma Social parlando direttamente al pubblico che la frequenta. La prestigiosa testata non sta cercando di modellare gli utenti a sé stesso, ma ha invertito la rotta: *ha plasmato i suoi di contenuti alle persone in target di TikTok.*

Questo non dovrà essere fatto per sempre e solo per i giovani: è una strategia da utilizzare a seconda del pubblico; ora sicuramente per i teenager, ma infatti indiscrezioni, parlano che stanno preparando un altro canale con video con un carattere investigativo per catturare i più "anziani" che arriveranno.

Se il tuo marchio è proprio nel settore editoriale, accademico o simile, testare una strategia video che mostri il tuo lato più "leggero" potrebbe essere un esperimento interessante. Rendere i tuoi contenuti e il tuo marchio meno "intimidatori" può aiutarti ad attirare l'attenzione di un pubblico più giovane. Quindi editori, blogger, giornalisti, formatori: state all'occhio, osservate e modellate chi già lo sta facendo... e con crescente consenso del pubblico.

In Italia? Possiamo prendere ad esempio il noto caso dell'**Inter**: la squadra di calcio, dopo averne compreso l'enorme potenziale ha deciso di aprire un proprio account, che conta già oltre 50mila follower. Cosa pubblicano? Video girati nel backstage e challenge per ingaggiare i tifosi. Come prima. Per adesso è così, ma con il progredire dell'età dei presenti, di conseguenza si trasformeranno anche i contenuti.

Anche trasmissioni quali **Italia's Got Talent**, **Zelig** hanno scelto di espandersi su TikTok. Con la challenge #tiktokzelig ha ottenuto 24 milioni di visualizzazioni e **Xfactor** con la sua #xf12inediti ne ha portati a casa 20 milioni.

Quindi, dopo tutte questi esempi prepariamo le armi e partiamo alla conquista di TikTok pensando a cosa potremmo sviluppare per nostra attività. Nel prossimo capitolo ti suggerisco le principali strategie, i trucchi nonché le attrezzature necessarie per partire con il piede giusto.

RIEPILOGO DEL CAPITOLO 2:

- SEGRETO n. 1: TikTok dà la possibilità a qualunque persona di diventare un influencer (stra)pagato. Il segreto è dotarsi di un'enorme intraprendenza e voglia di fare.

- SEGRETO n. 2: Per un'aspirante influencer è fondamentale far "rimbalzare" i contenuti da una piattaforma all'altra (Facebook, Instagram, Youtube, ecc...) adattandoli ad ognuna di essa in modo da creare più audience possibile.

- SEGRETO n. 3: Tutti gli influencer sono impegnanti anche ad aggiungere attività parallele attraverso i propri account su TikTok: apparizioni in TV, partecipazioni a eventi, creazione di merchandising brandizzato, scrittura e promozione dei propri libri, partnership con marchi famosi.

- SEGRETO n. 4: La viralità la possono ottenere anche quei Brand che non trattano direttamente argomenti di svago, spettacolo e intrattenimento. Il segreto è adattare un segmento di contenuti al target e non pretendere il contrario.

- SEGRETO n. 5: Grandi brand mondiali stanno già creando i contenuti cuciti sulla piattaforma, ottenendo notevoli risultati in termini di visibilità, follower, fan e condivisione.

Capitolo 3:
Come usare TikTok in modo professionale

Ecco il cuore del libro. In questo capitolo ti dirò come usare al meglio il tuo account TikTok. Ci sono alcune delle strategie che io stessa ho provato, mentre altre non le ho ancora testate, ma le ho "gentilmente" prese in prestito da chi in quest'App fa veramente tanti, tanti numeri.

Prima di iniziare: se non ti senti pronto ad iscriverti subito e vuoi solo dare una sbirciatina, puoi farlo, dal momento che TikTok ti dà la possibilità di navigare senza doverti per forza iscrivere.

La regola principale è quella che vale sempre, ogniqualvolta crei dei contenuti online e che devi sempre tenere in mente, a prescindere dalla piattaforma che utilizzi.

Regola Nr. 1: crea valore per chi ti guarda e trasferisci contenuti utili per chi ti ascolta.

Quando devi creare qualcosa, prima di postare chiediti sempre: "Con questo video sto dando valore a chi mi guarda? Troverà utile quello che sto dicendo?"

Per quanto riguarda nello specifico TikTok, ricordati che sei su un Social di condivisone dove vengono premiate le persone che scatenano emozioni impattanti: gioia, felicità, commozione, sorpresa, ammirazione, apprezzamento, divertimento, calma, desiderio di emulare, interessamento, nostalgia, romanticismo, ecc… quindi osserva e con onestà valuta se quello che hai fatto sprigiona almeno una di queste.

Devi insomma trovare la chiave giusta per dirottare quello che vuoi esprimere sotto forma di sentimenti. In altre parole, devi fare in modo che il tuo spettatore resti incollato ai tuoi video proprio perché sa che lo stupirai e lo farai divertire oppure gli insegnerai qualcosa o gli darai modo di far parte di un gruppo o lo lascerai di stucco. Devono essere utili e al tempo stesso intrattenere.

A proposito di gruppo è fondamentale capire a chi ti vuoi rivolgere.

Anche questa è una regola importante e fondamentale del Marketing, ma in TikTok è ancora più determinante, proprio perché l'algoritmo è davvero prestante in tal senso: infatti, presenta i tuoi video alle persone con gli stessi interessi. È l'utente, attraverso il proprio "comportamento", a guidare l'algoritmo. Per comportamento intendo: gli Hashtag che utilizzi, i video che guardi, chi segui, la tua interazione con i commenti e le condivisioni.

Regola Nr. 2: trova la tua nicchia.

Chiediti: "Sto parlando al mio mercato di riferimento, alle persone a cui mi voglio rivolgere?"

Puoi davvero sperimentare ogni sorta di idea, ma resta sempre in focus con il tuo argomento, usa lo stesso linguaggio del tuo pubblico, che sia il più semplice possibile.

Vero che in questo momento in TikTok il problema potrebbe essere del target, visto che l'audience principale è di giovanissimi, ma ti approfondisci tra alcune nicchie perché in molti si sono già mossi, andando già ad occuparle e a riservarsi i posti in prima fila.

Fai ricerche, usando anche gli Hashtag, guarda cosa fanno i tuoi eventuali concorrenti e scopri quali sono i video che hanno successo per poi replicarli con un format simile con i tuoi di contenuti. Osserva magari cosa fanno persone di altri settori per cogliere delle sfumature e se puoi usarle per te. Devi avere e mantenere sempre una mentalità aperta e provare.

Adesso, per ovvi motivi ci sono delle nicchie che funzionano meglio di altre e che stanno crescendo di più, ma ciò non toglie, che se tu lavori in una nicchia meno popolare, che questa non sia destinata a crescere. Forse questo è anche meglio, perché sei il primo e puoi anticipare i tuoi concorrenti.

Ad esempio la danza, le acrobazie, la magia, la comicità, i video travel, il calcio, le moto, i salti, la fotografia, le diverse arti, gli sketch comici, il make up, il make up artist, la moda, lo skateboard, le candid camera stanno davvero andando fortissimo: i tutorial stessi di queste attività hanno migliaia di interazioni, per il motivo che vanno ad intercettare le famose emozioni di cui prima.

Se ti occupi di queste cose sfondi una porta già aperta, devi solo trovare il tuo elemento differenziante, di cui ti parlo dopo, e lanciarti.

Per quanto riguarda i contenuti più "seriosi", la formazione, l'istruzione, hanno ancora bisogno di essere incubati, ma prendi spunto dai casi studi che ti ho scritto nel Capitolo 2. Tuttavia, a prescindere dalla tua attività, oggigiorno fare video è indispensabile. Come abbiamo visto adesso è il momento giusto; non dico che devi cambiare Social, ma abbinalo agli altri che già usi, postando cose secondo le regole di TikTok, cercando un modo di comunicare tagliato su misura su questa piattaforma.

Quindi, i miei consigli sono:
- studia la tua potenziale audience, e capisci cosa vogliono vedere facendo test ed esperimenti;
- osserva i competitors e analizza cosa stanno facendo e come si comportano;
- usa i trends, gli Hashtag e persino le canzoni;
- fai contenuti in linea con la comunicazione di TikTok e con ciò che vuoi trasmettere.

Regola Nr. 3: condivisione!

La condivisione con altri TikToker è fondamentale. Rispondi ai commenti che ti scrivono, lascia like e a tua volta commenta i video simili ai tuoi. Osservazioni intelligenti, di un certo spessore, non banali, in modo che inizi a creare sintonia con le altre persone. Cerca di fare riferimenti specifici. Utilizza il più possibile parole chiave del tuo argomento. Fai domande, crea sondaggi. Insomma devi creare un vero e proprio rapporto con i tuoi fan.

Collabora con altri TikToker che hanno già a loro volta molti follower. Fate Live insieme, crea duetti, proponi sfide, taggali. Supportatevi ed aiutatevi a vicenda. Magari in nicchie complementari. Inventati quiz, classifiche. Metti le scritte sui video in anteprima per attirare la loro attenzione come ad esempio: "Se anche tu non sai che…" "Quali sono le 3 cose che…" "I 5 trucchi per…", fai domande chiuse e obbligate che stimolano risposte, crea concorsi, omaggi, sconti, "Condividi e otterrai…", formula raccolte fondi.

Tutto quello che funziona è il senso di comunità e condivisione: metti loro, i tuoi follower, al centro. Devi dapprima "catturarli" con qualcosa di adatto a loro, ma poi devi rimanere coerente con il tuo messaggio per fare in modo che continuino a seguirti, per fargli venire la voglia di aspettare di vedere pubblicato ogni tuo prossimo video. Ho notato che vengono apprezzati molto i video "dietro le quinte" fatti con un altro telefono. Importante è che tu ci metti la faccia e che ci siano tratti di vita vissuta reali. Perché è come se ci fosse un bisogno condiviso di autenticità, in tutte le sue sfumature.

Ad esempio, puoi fare anche dei video di 60 secondi in cui creare cortometraggi. Ho visto canali di ragazzini che condividono momenti a scuola, delle loro storie d'amore, amicizia, rapporto con i genitori. Veri e propri "film in miniatura" con tanto d'inizio, sviluppo ed una fine con un significato o un messaggio al video stesso. Credi non sia possibile tutto questo in appena un minuto? Beh, se lo fanno loro... Creano tale suspance che lo spettatore rimane incollato per vedere l'epilogo. Questa è pura arte ed abilità, ma che tutti possiamo imparare. Sembra che TikTok premi proprio i video dove le persone restano di più, in attesa del finale.

Non vergognarti a chiedere like, di condividere, di taggare un amico. Osa. Sempre.

TikTok si consuma alla velocità della luce, i video si susseguono velocissimi e gli spettatori rimangono catturati dai piccoli schermi per ore, ed è per questo che devi inventarti situazioni nuove, vedere cosa fanno gli altri e, dopo aver sperimentato e trovato il tuo format, creare contenuti continuamente. Se per adesso non hai follower fai queste azioni nei video di utenti che creano contenuti simili ai tuoi. Seguili. Se hai una buona idea sul video pubblicato da loro, lasciagli il tuo feedback. Aggiungi chi reputi interessante abbia lasciato i suoi commenti o like. E quando iniziano a commentare i tuoi di video e mettere like aggiungi anche loro.

Regola Nr. 4: trova il tuo stile.

Inutile dire che devi metterci entusiasmo, sorriso e molta voglia di fare, ma segui sempre il tuo di stile. Non fingere e non copiare pari pari i contenuti di altri. Puoi, ad esempio modificare la location, l'abbigliamento o il finale se proprio non ti vengono idee. Fai trasparire il fattore che ti contraddistingue, la tua identità unica, diversa rispetto agli altri. Non svenderti mai facendo balletti e scimmiottando te stesso. Il tuo personaggio rappresenta il tuo marchio. Abbine cura, non snaturarti.

Regola Nr. 5: utilizza un username semplice, che ti identifica immediatamente, metti una foto profilo e la descrizione nella "bio" che sia coerente.

Usa il tuo nome e cognome o il nome del brand e se è occupato aggiungi un underscore (_) oppure qualcosa che identifica la tua professione o il tema del profilo. Il nome utente puoi modificarlo ogni 30 giorni, ma ti suggerisco di non cambiarlo mai e usa lo stesso sugli altri Social. Crea due profili separati, uno tuo personale e uno per il brand che sia facilmente ricordabile.

La foto profilo deve colpire ed identificare chi sei e cosa vuoi comunicare all'istante. Magari utilizza un fotografo professionista e puoi anche scegliere di mettere un breve video anziché la foto.
La descrizione nella "bio" deve essere completa e chiara: chi arriva nel tuo profilo deve capire da subito cosa fai e che opportunità c'è

per lui nel seguirti. La bio, come le altre specifiche, deve essere semplice ed esaustiva.

Regola Nr. 6: sii costante negli orari del tuo pubblico.

Pubblica 2/3 video al giorno negli orari in cui ricevi maggiori visualizzazioni da parte del tuo pubblico. Come si fa a capire questo? Semplice. Passa immediatamente dall'Account normale a quello Pro, che ti permette di vedere le statistiche e i numeri del tuo account. Con i dati alla mano è possibile perfezionare il tiro.

Regola Nr. 7: dall'Account Pro osserva le statistiche.

Passare a un Account Pro è facile e te lo consiglio vivamente. Dalle impostazioni del tuo profilo clicca su "Gestisci il mio Account". Nella schermata successiva trovi "Passa all'Account Pro". Basta semplicemente cliccarci e in automatico è fatto. Non servono ulteriori passaggi. Tornando al Menù Impostazioni troverai l'opzione Analytics. Tocca questa opzione e ti aprirà la dashboard delle analisi TikTok. L'analitica inizierà a registrare i dati solo dopo il passaggio all'account Pro; la dashboard non mostrerà i dati storici, ma solo quelli dal momento in cui hai fatto questo cambio. Fallo subito, visto che dovrai attendere fino a 7 giorni affinché il tuo account generi dati sufficienti per iniziare a visualizzare gli approfondimenti e capire come muoverti. Durante questo periodo, ti raccomando di pubblicare il maggior numero possibile di contenuti in modo da avere molti dati e poter fare delle analisi e renderti conto di quello che va meglio.

Regola Nr. 8: collega il tuo Account Instagram, Facebook e YouTube o altri, mettendoci sempre la coerenza.

Nelle impostazioni del profilo c'è la possibilità di mettere solo i link a Youtube e Instagram. Aggiungili fin da subito. Quello degli altri account li puoi inserire, se lo ritieni opportuno e importante, nella bio. Ricordati di mettere in tutti i Social la stessa foto e descrizione e sugli altri il link del tuo profilo TikTok. Più in giro sei, meglio è. Mantieni logicità del tuo messaggio. Non diversificare. *Ogni piattaforma ha il suo linguaggio, cambia il modo ma non il tema.* **Coerenza** *è la pietra miliare su cui basare tutta la tua comunicazione.*

Regola Nr. 9: partecipa alle diverse challenge, sfide.

Non a tutte, solo a quelle che possono andare bene per il tuo settore. Sono importanti perché vi partecipano moltissimi influencer. Dopo nel dettaglio ti spiego dove andare a trovarle.

Regola Nr. 10: usa gli # Hashtag.

Sull'utilizzo degli Hashtag ci sono delle controversie e la formula perfetta non è ancora stata scoperta. Tuttavia la maggior parte dice di usarne 3 riguardanti la macro categoria, 3 la micro. *Attenzione: non abusarne, TikTok non è come Instagram.*

Per non sbagliare usane 3 al massimo poi vedi come va. Sono fondamentali per posizionarti, indirizzando la ricerca verso determinati argomenti. Non utilizzare Hasthtag che non c'entrano nulla con il tuo settore altrimenti l'algoritmo lo vede come spam e ti penalizza. Pian piano crea una community collegata a quell'Hashtag. Creane anche di tue, personalizzate e diffondile diffondile. Chiedi ai tuoi follower di metterle nei loro video.

Regola Nr. 11: usa un profilo pubblico non privato.

In TikTok puoi scegliere se lasciare i tuoi video pubblici, ossia visibili a tutti o solo alla propria cerchia di amici. Usa quello pubblico, soprattutto per gli account dei brand. Hai, intanto maggiori possibilità di esser visto, poi le persone ti seguiranno molto di più perché possono vedere tutti i tuoi video pubblicamente. Se usi un account privato, solo le persone che ti seguono saranno in grado di vedere i tuoi video e gli altri non saranno in grado di accedere al tuo account. Devono seguirti prima di poter vedere i tuoi video e a volte questo viene visto come un muro. Anche perché se decidi di stare su un Social e promuoverti è normale che tutti ti possano vedere. Se vuoi creare contenuti personali che siano visibili solo ai tuoi amici crea un account apposito. Differenzia sempre e pensa allo scopo finale.

Regola Nr. 12: prediligi contenuto Vs. qualità.

Attualmente l'utente medio di TikTok è interessato all'originalità e al divertimento, piuttosto che alla qualità del video stesso. Non conta a nulla far un video super figo se poi magari vai fuori dalla tua nicchia di riferimento. Ti suggerisco di lanciarti anche se non è tutto perfetto. Chiaramente non deve essere un video trascurato, ma nemmeno devi aspettare ad avere il set di un film per iniziare a pubblicare. Non una creazione affrettata alla rinfusa, ma di certo lasciare quel pizzico di casualità e improvvisazione non fa male al video stesso.

Se i contenuti sono pieni di informazioni utili e il tuo argomento è interessante, il tuo pubblico apprezzerà sicuramente il tuo video e diventerà il tuo fan. Questo è il Social che "regala emozioni" che "ti permettere di essere te stesso". I contenuti perfetti, lussuosi, precisi e seri non hanno risultati se non scatenano qualcosa. Qui ci sono altre regole, il segreto è questo. Pensa che i più grandi TikToker di questa piattaforma girano video dalla propria cameretta. Se proprio non vuoi farli come TikTok ti propone, puoi utilizzare i programmi Inshot e Finalcut, ma ribadisco che l'App ha già molti tool. Non stressarti sulla qualità, ma pensa piuttosto alla sostanza che alla forma.

Regola Nr. 13: controlla sempre che i tuoi video non rientrino tra le categorie vietate.

Il seguente elenco include prodotti e servizi che non possono essere pubblicati su TikTok. Per la lista completa controlla in "Termini di Utilizzo" accessibile da "Me" e i 3 pallini in alto a destra: lì troverai tutto nel dettaglio. ***Ricorda che puoi segnalare ogni violazione ed abuso, anzi è un nostro dovere farlo.***

Tutti i video che descrivono, incoraggiano e promuovono queste categorie saranno rimossi e l'utente corre il rischio di essere bannato per un determinato periodo di tempo o per sempre.

- Alcol e kit per la preparazione di alcolici nonché eventi sponsorizzati dall'alcol.
- Droga di qualsiasi tipo.
- Sigarette e sigari, prodotti del tabacco, incluse sigarette elettroniche.
- Sesso, sia scene esplicite o meno sia giocattoli.
- Contenuto illegale e inappropriato.
- Giochi d'azzardo, lotterie, casinò, prenotazioni sportive, bingo e poker.
- Violazione di copyright, marchi, privacy, pubblicità o altri diritti personali, inclusi talenti, musica e loghi.

- Contenuti di violenza, riferimenti volgari e odio.

- Discriminazioni personali quali razza, etnia, origine nazionale, religione, età, sesso, orientamento sessuale, identità di genere, stato familiare, disabilità, condizioni mediche o genetiche.

- Armi tra cui pistole, esplosivi, coltelli, spade e altri oggetti progettati per causare danni alle persone.

- Articoli contraffatti.

- Spyware e malware.

- Annunci politici.

- Bambini, sia prodotti sia servizi, tra cui anche i giocattoli.

- Servizi e prodotti finanziari.

- Alimenti e bevande ricche di grassi, sale o zucchero possono essere soggetti a restrizioni.

Regola Nr. 14: usa i trend e le canzoni del momento.

Le trovi cliccando in basso a sinistra nella home attraverso la lente d'ingrandimento.

Quando trovi un trend che al momento è virale, prova a rifarlo, aggiungendoci un tuo tocco personale. La copia spudorata non funziona. Ogni settimana la piattaforma lancia dei trend e degli Hashtag da seguire con delle canzoni Hit e le varie challenge. Seguile e crea la tua di versione. La cosa bella è che tu puoi diventare virale con un video. E questo *chiunque*. Nessuno escluso. L'unica parola d'ordine: è creare un contenuto dalle potenzialità accattivanti per il pubblico.

Se utilizzi un tuo suono, come ad esempio la tua voce mentre parli o spieghi qualcosa, metti magari in sottofondo a basso volume (il volume si può impostare nell'editing del video, dopo lo vediamo) la canzone famosa se questa non va ad interferire, in modo che venga indicizzato il video assieme alla Hit. Utilizza sempre le canzoni di moda piuttosto che quelle che piacciono a te.

Regola Nr. 15: sbizzarrisciti con duetti.

I duetti sono quei video divisi a metà verticalmente, dove nel lato sinistro c'è il tuo, a destra c'è quello che scegli di condividere o di fare con un compagno con cui hai scelto di cooperare.
I duetti sono perfetti per collaborare con altri TikToker che lavorano sulla tua stessa nicchia oppure su una opposta: che voi

abbiate scelto interessi simili, complementari o differenti, lavorando assieme potete comunque aiutarvi a crescere a vicenda.

Inoltre TikTok ti dà la possibilità di fare duetti anche con perfetti sconosciuti. Magari replicando quel video ma con il tuo stile. E questo ti permette davvero molta viralità. I miei video con i duetti hanno preso mila like. Ecco come farli.

Quando dalla sezione ne vedi uno che ti piace e ti senti pronto per fare il tuo di video in duetto con questo, seleziona in basso a destra la canzone (c'è il cerchio che gira). TikTok ti presenta tutti i video che l'hanno utilizzata. Da qui, molto intelligentemente, li mette in ordine decrescente di visualizzazioni. Questa cosa l'ho scoperta ieri. Così i primi sono quelli con più famosi. Lo capisci dal numero che c'è in basso a sinistra. Scegli uno di questi. Aprilo e a destra trovi la freccia "condividi". In automatico TikTok apre la videata per fare il duetto. A destra c'è quello che hai condiviso a sinistra la telecamera pronta per registrarti. Ora non ti resta che farlo. Puoi utilizzare i soliti tool: scriverci quello che vuoi, usare filtri, il timer, ecc... Ovviamente per il solo tuo video. Metti gli Hashtag giusti e postalo. Mi raccomando: per non violare il copyright del contenuto lascia sempre il Tag alla persona che TikTok ti mette già in automatico. D'accordo a duettare, ma lasciamogli l'accredito in qualità di proprietario di quel video.

Regola Nr. 16: perfeziona sempre più la creazione dei video.

Quando accedi alla pagina per la creazione video, puoi scegliere se farli di 15 secondi, 60 secondi oppure un collage di foto. La maggior parte dei video in TikTok sono quelli da 15 secondi, ma puoi scegliere di fare anche quelli da 60 e i collage di foto se ritornano utili al tuo account. Puoi anche variare. Vale sempre la regola di osservare dalle Analytics e capire l'effetto sui tuoi fan.

Uno dei trucchi che ho visto utilizzare spesso è scrivere nella descrizione del video qualcosa che faccia venire voglia di commentare. Ad esempio, una domanda e se non ne hai una, scrivi una CTA, una Call to Action accattivante, semplice ed immediata. Nella descrizione ci sono pochi caratteri disponibili, quindi devi diventare molto bravo nel coinvolgere lo spettatore con poche parole. Altro trucco è quello di scrivergli di guardare fino alla fine. Qui è tutto ridotto davvero all'osso!

Inoltre dopo aver utilizzato completamente lo spazio della descrizione (ricordati gli Hashtag e i Tag) puoi sempre inserire sopra il video stesso la domanda con l'apposito tool "Caratteri" che apparirà in tutta la durata o solo qualche secondo, a tua scelta.

Addirittura puoi far apparire scritte anche a metà o alla fine e per quanto tempo vuoi. Anche questa è una funzione che puoi creare in fase di editing. E' più facile a farlo che a dirsi. Quando devi fare un video utilizzando delle scritte fatte da te, ad esempio su un foglio che vuoi riprendere, utilizza la telecamera posteriore del cellulare: in quella frontale le legge al contrario.

Falli sempre in formato verticale.

Se magari ti senti impacciato da solo i primi falli con un'amica, un amico. Io ho iniziato a farli con una mia cuginetta di 10 anni: ne sapeva più di me. Ci siamo divertite un mondo. Vai sul mio profilo personale a vederli.

Quando scorri i video degli altri e ti viene in mente un'idea, realizzala subito. Non rimandare. Anche perché come ti ho detto ogni settimana cambiano Hashtag, tendenze e canzoni Hit. Non devi averne la frenesia ma entra nell'ottica che a registrare un video è proprio questione di minuti. Sì, anche questo fa parte del tuo lavoro, è un impegno che ti ripagherà a lungo termine.

Anche in TikTok ci sono gli utenti con la spunta azzurra come Instagram. Segui per prima loro, piuttosto che persone con pochi follower.

Tieni monitorato tutto ciò che funziona ed elimina quello che non funziona. I video che hanno più like, più commenti usali come base di partenza e concentrati su di essi. Quando dico "elimina" intendo di mettere i video con privacy "privato". Da quello che ho letto l'algoritmo quando elimini materialmente i video non apprezza molto, quindi è meglio solo cambiare la privacy.

Quando scorri la home e vedi video che utilizzano la stessa musica, modellalo immediatamente su di te e crealo anche tu. Vuol dire che sta andando "di moda" e quindi hai più possibilità di diventare virale in quel momento. L'algoritmo favorisce a presentare i video con la musica che sta attualmente guadagnando popolarità, le challenge a cui tutti partecipano, gli Hashtag virali.

Oltre alle cose di cui sopra, quello che potrebbe diventare famoso e virale è anche l'utilizzo di un determinato filtro. Te ne accorgi, perché, come per le canzoni e le challenge, li vedrai apparire spesso. Non appena te ne rendi conto vale la stessa regola: registra un nuovo video, duetta, commenta e… divertiti.

Regola Nr. 17: diventare "influencer". Cosa vuol dire?

Essere influencer vuol dire avere influenza sulle persone. Vero che adesso questo termine viene utilizzato a sproposito e solitamente è abbinato ad un significato negativo, oppure lo abbiniamo solo a chi ha milioni di fan. Ma se ci pensi, tutti siamo influenzatori, dai noi stessi, al nostro amico, ai familiari, ai maestri che decidiamo di seguire, ai collaboratori. Ognuno con le proprie opinioni, espresse su piccola scala o su larga scala, ad esempio via Social, è un influencer. Quando chiediamo consigli su un buon ristorante, il parere su un film al cinema, stiamo cercando un'influencer e se sappiamo che quella persona ci sta facendo risparmiare tempo e denaro, oppure siamo consci che ci sta dicendo qualcosa di reale e sentito allora gli presti attenzione.

Essere influencer nel web significa la stessa cosa: aggiungere valore al mondo, a chi ci segue, avendo una propria opinione che dimostra di essere valida e affidabile.

Dopo che otterrai il tuo seguito, allora potrai diventare un influencer anche pagato dei brand che vogliono sponsorizzare i propri prodotti e servizi attraverso il tuo account. Quindi anche con TikTok puoi pubblicizzare qualsiasi attività commerciale, qualsiasi prodotto o servizio che sia tuo o di aziende che ti pagano per farlo ma a condizione di crearti dapprima i tuoi fan, attirare la loro attenzione e farti seguire poi con costanza: questo significa diventare un influencer della tua nicchia.

Regola Nr. 18: non fossilizzarti, prova anche orari differenti di pubblicazione.

Come faccio a capire se una cosa funziona oppure no? Oltre che dalle statistiche delle Analytics anche attraverso il feedback delle persone. E' solo grazie a loro che lo puoi sapere. E' una scoperta che devi fare tu insieme al tuo pubblico di riferimento. Per quello che riguarda gli orari ci sono teorie contrapposte. Prova a pubblicare in fasce diverse e quelli con più visualizzazioni potrebbero darti l'orario giusto. Non insistere se vedi che una cosa funziona meno delle altre. Cambia direzione, sii sempre pronto a provare altre strade.

Regola Nr. 19: trova il tuo talento e fallo vedere al mondo, è il "tuo brand".

Questa regola, anche se è in fondo alle altre, è molto fondamentale: scoprire il marchio. Il tuo marchio. E' un'altra di quelle cose vitali per il tuo successo in TikTok e puoi decidere se lo vuoi far girare attorno al tuo brand personale oppure ad un marchio aziendale.

Partiamo da quello *personale*.

Cosa intendo per "tuo brand"? Identificare la tua piccola ma fondamentale differenziazione, il tuo elemento unico, la tua abilità, un talento, un qualcosa che ti riesce con estrema facilità, qualcosa che stupisca.

Prova a chiederti: "In cosa sono bravo? Per che cosa faccio emozionare gli altri? In cosa sono davvero pratico ed esperto? Qual è quella cosa che mi piace fare, che mi viene spontanea e con naturalezza? Che non smetterei mai? Quali sono i miei punti di forza? Per che cosa gli altri mi riconoscono?"

Questo qualcosa fa ridere, piangere, emozionare, stupire, istruisce? Di sicuro c'è qualcosa che ti distingue dagli altri. Ecco. Quando troverai la risposta a queste domande, hai trovato il tuo brand personale. E non è nemmeno detto che tu ne abbia solo uno. Probabilmente più di uno. Ma se vuoi utilizzare TikTok come promozione, marketing e business devi trovare quello per il quale le persone sono anche disposte *a pagarti*. Questo lo vedremo, nel Capitolo 5, cosa rientra nei casi di monetizzazione.

Sai raccontare barzellette? Sai leggere riuscendo ad emozionare? Sai suonare uno strumento? Fare capriole? Ballare? Cantare? Recitare? Usa TikTok per mostrare il tuo talento, la tua creatività.

Importante è che ci metti passione in quello che fai: questa la si trasmette anche attraverso il monitor, le cose forzate si percepiscono. Sii attraente e non voglio dire bellezza fisica, intendo sorridente, empatico, autentico, fai trasparire la tua energia e il tuo entusiasmo. Sii sempre ben vestito e curato.

Sembra tutto così banale, vero? In realtà nemmeno tanto. Vedo molto spesso video di persone trascurate, con una luce bassa, senza sorriso, senza preparazione, che vanno alla rinfusa e alla cieca, senza uno specifico argomento e direzione. Usa la stessa follia e spontaneità dei giovani. I video in dialetto mi fanno letteralmente morire dal ridere perché sono fatti da persone genuine, con la voglia di umorismo e divertimento. Racconta storie divertenti, racconta della tua vita (e questa di sicuro è davvero unica) e come sei uscito da certe situazioni, cosa ti ha aiutato, trasmettilo: le persone oltre che sentirsi chiamati in causa ti adoreranno, perché li hai aiutati. Tutti abbiamo passato i nostri inverni. Sii quell'esempio, quella persona che avresti voluto incontrare tu stesso quando eri in quel periodo.

Questo è il brand di te stesso, della tua persona. Se invece vuoi posizionare *un'azienda, un'attività* focalizza il marchio sul problema/bisogno che andrai a risolvere. Se non hai ben chiaro qual è il pezzetto di mercato che vuoi rendere tuo, non comunicherai mai al tuo pubblico di riferimento, o peggio ancora, lo farai nel modo errato creando confusione nei confronti del tuo brand.

Questo vuol dire posizionarsi, ossia rendere il marchio di quell'azienda come soluzione di quel problema nella testa della tua nicchia. Per creare un buon posizionamento devi rispettare questi punti principali: differenziazione, ossia diversificarti dai competitors, essere il primo in quella nicchia, essere unico, ricordabile e che davvero soddisfi un determinato bisogno. A tutto questo devi aggiungere la tua presenza continuativa.

Ps: queste sono solo nozioni che ti ho dato velocemente per coerenza del libro. Gli studi sui marchi, brand e posizionamento non si racchiudono di certo in appena 4 pagine. Per approfondire ti consiglio di studiare meglio la materia. Ci sono moltissimi testi a riguardo.

Regola Nr. 20: familiarizza con la piattaforma.

Familiarizzare è la cosa più difficile, perché appena ci entri ti senti un pesce fuor d'acqua, soprattutto finché non la testi per qualche giorno. Ma prova e riprova, lasciati trasportare e fai i tuoi esperimenti. Datti del tempo per imparare.

Regola Nr. 21: arriva a 1.000 follower e accedi ai Live.

Dopo aver raggiunto i 1.000 follower (io dopo una settimana) e accedi alla pagina per la creazione video, oltre alla scelta dei video 15 secondi, 60 secondi oppure un collage di foto vedrai un'opzione in più: live. I live non restano registrati come Facebook, ma tutti i tuoi seguaci ricevono la notifica e ti posso "vedere" in diretta. Una funzione niente male.

...*infine* Regola Nr. 22: monetizza!

Di questo ne parliamo tra due capitoli.

Attrezzature necessarie.

Ecco un elenco di attrezzature necessarie, anche se ti esorto vivamente di non spenderci troppi soldi nell'immediato. Su Amazon, Ebay, Eprice hanno prezzi molto accessibili. Li ho suddivisi per importanza. Averli tutti? In parte? All'inizio scegli quelli indispensabili, poi pian piano sceglierai. Io personalmente li ho già presi tutti perché sono una maniaca e quando parto per la tangente per una cosa non mi limito.

Assolutamente importanti:

Cavalletto: questo, tra tutti gli accessori è molto utile, soprattutto se devi fare video con le mani libere o sei solo o se devi fare video in gruppo. Meglio ancora se è fornito del telecomando BlueTooth così puoi fare video anche se sei un po' lontano. La stabilità nei video è fondamentale. Costo indicativo, dai 30 euro in su.

Luce, Led Anello: di vitale importanza. Assolutamente no ai filmati bui, mi raccomando. Io prediligo sempre la luce bianca rispetto alla gialla. Ho visto che addirittura ce ne sono da 10 euro portatili che si mettono direttamente sul cellulare ricaricabili tramite Usb. Costo indicativo, circa 20 euro per uno con proprio cavalletto o pinza da attaccare alla scrivania o su un banco.

A tal proposito controlla sempre che la luce nei tuoi video sia ottima. Se per adesso non hai ancora il faretto luminoso apposito fai i video negli ambienti esterni o usa altre lampade, ma visto l'investimento così ridotto ti suggerisco di provvedere al più presto.

Di media importanza:

Microfono Esterno: gli smartphone moderni hanno incorporati ottimi microfoni, se proprio vuoi usane uno per dare un tocco in più di professionalità. Costo indicativo, dai 40 euro in su.

Lenti Filtro per la Telecamera del Cellulare: sono lenti intercambiabili da aggiungere alla fotocamera del cellulare, come ad esempio quella Macro, molto utile per ingrandire senza perdere la qualità; Grandangolo, per sfruttare altri angoli di visualizzazioni differenti. Costo indicativo, 20 euro il kit di lenti.

Bastone Selfie: il classico bastone per fare riprese da 50/70 cm. Costo indicativo, 10 euro per quello senza telecomando Bluetooth, 25 euro per quello con telecomando.

Obiettivo Zoom per Smartphone: si tratta di telescopio potenziato studiato appositamente per i cellulari. Ti permette di catturare immagini nitide in lontananza. Costo indicativo, 30 euro.

Stabilizzatore: accessorio per fare video altamente professionali, in quanto permette di limitare il tremolio della mano, donando al video una nitidezza superiore. Costo indicativo, dai 100 euro in su.

In questo capitolo hai trovato ben 22 regole, ossia i segreti principali e le strategie più importanti per ottimizzare il tuo profilo. Grazie a questi riuscirai ad ottenere più "mi piace", "follower" e visualizzazioni. Punto per punto seguili tutti, non saltarne nemmeno uno: piuttosto rileggili, prenditi del tempo, ma falli tutti, sono importantissimi.

RIEPILOGO DEL CAPITOLO 3:

- SEGRETO n. 1: In questo capitolo ho indicato 22 regole e strategie per ottimizzare al meglio la tua presenza su TikTok. Studiale tutte e poi inizia ad applicarle nel tuo account.

- SEGRETO n. 2: Le regole sono tutte importanti, non saltarle e mettile in pratica, una ad una. Alcune sono semplici ed immediate altre più "complicate", ma fattibili. Prenditi il tuo tempo per ognuna di essa.

- SEGRETO n. 3: Identifica la nicchia e il tuo brand con accortezza. La semplicità e la chiarezza ti ripagano tutto. Quando crei contenuto osserva sempre se stai dando vero valore a chi ti segue. Questo il segreto principale per creare follower. Condividi e collabora anche con altri TikToker.

- SEGRETO n. 3: Di attrezzature ce ne sono diverse, reperibili facilmente dagli store on line e a costo esiguo. Tuttavia due che sono necessarie e fondamentali appena inizi a usare TikTok sono il cavalletto e la luce. Gli altri accessori puoi aspettare a prenderli. La stabilità e l'illuminazione nei video sono fattori che determinano il successo del video.

- SEGRETO n. 4: Procedi senza sosta, anche a piccoli passi, ma fai della costanza la pietra miliare su cui basare il tuo account.

Capitolo 4:
Come funziona tecnicamente TikTok

L'applicazione TikTok si sviluppa per la maggior parte con i video da 15 secondi ma nessuno vieta di utilizzare anche quelli da 60 secondi. E' anche possibile anche creare una presentazione di foto e fare le dirette dopo aver raggiunto i 1.000 follower.

Ora, prima di partire con gli aspetti tecnici, vediamo le caratteristiche principali che lo differenziano rispetto ad altri Social.

Da **YouTube** ne prende le visualizzazioni e i video. Si diversifica per il suo contenuto divertente e semplice, nonché breve. YouTube è adatto a un pubblico maturo che cerca informazioni, spiegazioni e video tutorial di formazione.

Da **Facebook** mantiene la promessa di conoscere gli aspetti privati della gente, la differenza è la velocità e la praticità di utilizzo.

Abbiamo la condivisione, i like e i commenti. La descrizione è molo scarna, non puoi scrivere muri di testo. Le dirette sono "riservate" a chi ha più follower.

Da **Instagram** ne prende il palcoscenico, usa lo stesso mood di filtri, con la sola differenza che la maggior parte sono video. Anche il feed è diverso. Difatti in TikTok puoi scegliere tra le persone seguite oppure quelle proposte dall'algoritmo in base ai tuoi interessi dimostrati.

Da **Twitter** prende gli Hashtag e da **Snapchat** il modo di pubblicare e il meccanismo delle Stories.

Si tratta quindi di un livello di esperienza aggiornata e che "unifica" altri Social, con la sensazione di poter ricevere qualcosa in più a livello di passatempo, divertimento e velocità. In TikTok gli utenti hanno così tanti e contenuti, che si consumano velocemente da rendere difficile il distacco. Il tutto è condito dalla musica, dai trend e dalle sfide.

Ora vediamo le diverse sezioni a livello pratico e di applicazione delle diverse opzioni di TikTok. Leggi queste pagine con a fianco il tuo smartphone così puoi fare in diretta le varie operazioni.

Come prima cosa dal Palystore scarica l'App, la trovi come TikTok. Una volta installata ti chiederà se ti vuoi registrare oppure navigarci senza farlo. Per la registrazione di un nuovo account è talmente tanto immediato da metterci una manciata di secondi. Infatti, puoi utilizzare l'account Facebook, il tuo indirizzo e-mail o Instagram.

Dopo si aprirà direttamente sul feed dal nome "Per Te" (o "For You" in inglese). Lo leggi in altro a destra. Qui TikTok ti propone i video in base ai tuoi interessi mostrati. Questa è la home page, la sezione, in cui ci sono i contenuti più popolari del momento e quindi quelli più virali. E' la pagina che si vede quando accedi all'App. Finire in questa sezione che ti può permettere di ottenere davvero molta visibilità e popolarità fondamentale per crescere.

Ma si può finire nei "Per Te"? Assolutamente Sì'. TikTok dà la possibilità a chiunque ma per farlo ci sono delle linee guida da seguire, vediamole:

→ Usa le stesse canzoni che noti in questa sezione, perché sono quelle popolari e di moda.
Lo capisci perché queste canzoni appariranno in più video di altri utenti.

→ Sfrutta gli Hashtag soprattutto #foryou #foryoupage #perte. Usane solo uno di questi tre per volta assieme a quelli relativi all'argomento del tuo video, la tua nicchia. Non abusare di #.

→ Inserisci gli Hashtag con i trend di moda che puoi scoprire attraverso la lente d'ingrandimento in basso a sinistra "Scopri".

→ Metti una descrizione accattivante e semplice con una CTA, una domanda, un indovinello e un quiz che spinga le persone a rispondere.

→ Sii creativo ed originale, focalizzati sul tuo talento unico e differenziante.

→ Non essere mai finto e mantieni la coerenza e la tua identità.

→ Fai duetti con video già molto famosi.

Tutti questi punti, a seguire li trovi sviscerati passo dopo passo, come eseguirli nel dettaglio.

Sempre dalla Home in alto a sinistra c'è la pagina "Seguiti" che rispetto all'altra sezione in cui mostra persone che non consoci, qui ci sono invece quelli che segui.

A destra di ogni video che scorri in verticale trovi dall'alto al basso alcune icone.

Il *pallino dell'autore* con un "+". Se ci clicchi vai nel suo account dove trovi tutto quelle che lo riguarda. I video pubblicati, il nome, i suoi seguiti, i follower che ha, i mi piace ricevuti. Se invece clicchi sul "+" lo aggiungi ai tuoi seguiti.

Sotto trovi il *cuore* con un numero, ossia i like che ha ricevuto quel video. Cliccandoci dai anche tu il tuo like.

Poi c'è un *fumetto* con un numero, ossia i commenti: cliccandoci su apre la schermata di tutti i commenti e qui puoi inserire il tuo, anche se non lo segui.

Sotto c'è una *freccia a destra* ed è la famosa funzione per fare i duetti. Se ci clicchi ti apre in automatico una videata dove a sinistra c'è la tua telecamera per registrarti, a destra il video della persona condivisa, pronto per creare il tuo duetto. In automatico ti mette già il Tag del proprietario del video.

In basso a sinistra su ogni video, trovi il *nome dell'utente* dopo il simbolo "@", poi l'eventuale *descrizione* del video stesso e i diversi *Tag* e *Hashtag*. Se è un personaggio famoso o un brand identificato c'è a fianco la *spunta bianca in un pallino azzurro*. Dentro il suo account ci sarà la scritta sotto il nome utente "creator popolare" con il pallino azzurro.

Sotto, tutto in basso, c'è il *titolo della canzone* che scorre. A sinistra vedi un *pallino* che gira. Se ci clicchi sopra compare una videata con la raccolta di tutti i video che hanno utilizzato quella musica. Qui puoi, cliccando su *"Aggiungi ai Preferiti"*, mettere la canzone tra i tuoi preferiti oppure vedere i video. Questa funzione è molto utile così puoi tenere l'audio tra i preferiti per ricordarti in un secondo momento. In basso c'è l'icona rossa *"Usa il Suono"*. Se ci clicchi ti apre direttamente la pagina della creazione del video con quel suono. Da qui utilizzi tutte le stesse funzioni che troverai dopo "come inserire i tuoi video".

Se il video è stato creato con l'audio delle parole dell'autore senza l'uso di alcuna canzone ci sarà a fianco il pallino che gira la scritta "*Suono Originale*" che puoi utilizzare anche questo, se vuoi. Infatti molti, se li trovano interessanti, li prendono per farci dei doppiaggi, o mettersi alla prova con lip-sync, ossia registrando il video muovendo solo le labbra allo stesso tempo dell'audio, sincronizzandole.

Su ogni video tenendo premuto per due secondi in un punto a caso appare una tendina con 3 scelte: "*Aggiungi ai Preferiti*", "*Salva Video*" per salvarlo materialmente sul cellulare e "*Non M'Interessa*" in modo da dire all'algoritmo di non farti più vedere quel tipo di contenuti.

Per scorrere i video ti basta scorrere verso il basso per andare avanti, verso l'alto per tornare indietro.

In fondo ci sono 5 sezioni. Partendo da quella a sinistra.

Home. E il feed di cui ti ho parlato prima con i "Seguiti" e i "Per Te."

Poi c'è la lente d'ingrandimento *"Scopri"*. Cliccandoci ti apre una pagina con i trend, gli Hashtag di tendenza. Sotto ogni Hashtag ci sono tutti i video fatti con quell'Hashtag. A destra, a fianco ogni Hashtag c'è il numero totali dei video fatti. In alto TikTok ti presenterà quelli in assoluto più di moda di quella settimana. Sì, perché ogni settimana cambiano. Scorrendo verso il basso puoi dilettarti a trovare quella che più ti piace. Non c'è un ordine specifico. Li mette in un suo ordine, probabilmente di popolarità. Nel centro c'è un "+" su sfondo bianco. E' quello che serve per creare il tuo video. Questo lo approfondiamo dopo nella sezione "come inserire i tuoi video".

A seguire c'è *"In Arrivo"* ossia le tue notifiche. Ti apre la pagina con l'elenco. In alto troverai *"Tutte le Attività"*. Se ci clicchi ti permette di scegliere e filtrare le notifiche: tutte, solo quelle in cui hai preso mi piace, i commenti, le menzioni, i tuoi follower e importantissime quelle fatte direttamente da TikTok. Ho visto che TikTok ogni settimana ti "ricorda" i diversi trend o ti rimanda ai video importanti. Nota: seguili sempre. Un'altra cosa importante è il filtro dei commenti. Visto che ti consiglio di rispondere sempre a tutti o mettere un cuore anche a chi inizia a seguirti, attraverso questo comando puoi filtrarli e guardare in modo più rapido. Infatti una volta che hai l'elenco, puoi cliccare su ogni utente e capire.

In alto a destra c'è un *aeroplano*, qui ci sono i messaggi che ti sei scambiato tipo Messanger e il relativo *numero dei messaggi* ricevuti. Nota: puoi chattare solo con persone che segui e che ti seguono

Ultima sezione: *"Me"* in cui apre la pagina del tuo account. Questo è il tuo cruscotto e adesso andiamo ad analizzarlo tutto.

In alto a sinistra c'è un *omino* e ti serve se vuoi invitare i tuoi amici (i contatti che hai in rubrica telefonica), trovare i tuoi contatti telefonici che sono già su TikTok ed infine tutti quelli che sono su Facebook. Cliccandoci ti apre l'elenco e a fianco ad ognuno il tasto *"Segui"*. Io personalmente li ho tutti seguiti fin da subito. Dopo averne inseriti un po' di blocca perché ne stai inserendo troppi. Basta rifarlo il giorno successivo.

Poi al centro in alto, trovi il *nome*, quello con cui ti sei iscritto, che non è il tuo nome "user". Se apri la *tendina* ti dà la possibilità di passare da un account all'altro, se ne gestisci più di uno e di aggiungerne altri.

In alto a destra ci sono i *3 pallini* che ti permettono di entrare nelle *"Impostazioni"* suddivise in 4 grandi gruppi: Account, Generale, Assistenza e Informazioni. In ogni gruppo ci sono dei sottogruppi con tanto di opzioni. Vediamole.

ACCOUNT

Gestione Account dove trovi:

Il mio TikCodice, dove ti da la possibilità di salvare il tuo Codice QR e condividerlo.

Numero di Telefono, dove appare il numero di telefono con cui ha registrato il tuo Account.

Password, se vuoi inserire una password per accedere a TikTok.

E-mail, per inserire l'e-mail e recuperare la tua password.

Gestione Dispositivi, l'elenco dei dispositivi dal quale hai utilizzato TikTok.

Salva Informazioni di Accesso, Sì oppure No. Sì te le salva sempre, No ogni volta ti chiede conferma.

Nazione/Regione, in base a dove scrivi. Questo serve all'algoritmo per capire da dove la stai utilizzando.

Passa all'Account Pro/Passa all'Account personale. Come detto nel Capitolo 3 passa sempre al PRO per avere le Analytics.

Impostazioni della Privacy, dove ci sono le sezioni:

Account Privato, ossia decidere se utilizzare un account visibile dai solo i tuoi follower o tutti. Se privato, solo loro possono vedere i video e mettere mi piace quindi lascialo pubblico.

Consenti agli Altri di Trovarmi, dai la possibilità all'algoritmo di suggere il tuo profilo agli altri utenti.

Personalizzazione e Dati, consenti all'algoritmo di farti vedere solo i contenuti in base alle azioni che tu fai sulla piattaforma. Se disabilitato vedrai contenuti "a caso".

Sicurezza, dove hai una serie di flag da mettere su chi può pubblicare i commenti, aggiungere reazioni ai tuoi video, chi può utilizzare i tuoi video per fare i suoi duetti, inviarti messaggi, consentire il download dei tuoi video, chi può vedere i video a cui ti piacciono scegliendo tra tutti, amici oppure nessuno. Imposta che tutti possano fare tutto! TikTok nasce proprio per questo.

Una sezione importante è il *filtraggio dei commenti*, dove puoi filtrare lo spam e i commenti offensivi dove ti suggerisco di mettere Sì, in modo che il sistema possa nascondere in automatico i commenti con spam e insulti.

Puoi anche scegliere di *filtrare le parole chiave*, ossia nascondere i commenti che contengono alcune parole da te inserite. Lista Bloccati, trovi l'elenco degli utenti che hai bloccato.

Preferenze sui Contenuti, dove puoi aggiungere la lingua di utilizzo.

Saldo, dove puoi vedere il saldo delle monete.

Questa sezione è stata un'opzione bloccata fino al 31/12, quindi non sono riuscita a utilizzarla. Sorry: chiederemo ad Alessio di illuminarci.

Condividi Profilo, ti permette di condividere sugli altri Social il link del tuo profilo su TikTok. Puoi scegliere ad esempio, WhatsApp, Messanger, Facebook, ecc…

Analitica, in questa sezione puoi avere la situazione dei numeri del tuo account suddiviso per gli ultimi 7 giorni oppure 28. La puoi consultare solo se passi all'account PRO. Qui vedi tutto quello che è successo: visualizzazioni video, nuovi follower suddivisi per uomo e donna e la provenienza, visualizzazioni del profilo. Il grafico delle attività è segmentato per giorno ed orario. I video che hanno guardato i tuoi follower in modo da capire i loro interessi, e le canzoni che hanno ascoltato maggiormente. Tutti dati fondamentali se vuoi analizzare nel dettaglio il tuo profilo e gestirlo al meglio.

Tik Codice, dove ti dà la possibilità di salvare il tuo Codice QR e condividerlo.

GENERALE

Notifiche Push, qui puoi scegliere quali notifiche vuoi ricevere. Mi piace, commenti, nuovi follower, menzioni, messaggi, ecc…
Lingua, puoi scegliere la lingua di utilizzo dell'applicazione.

Controllo Applicazione, qui puoi limitare sia il tempo massimo di utilizzo dell'applicazione e i contenuti. Ogni 30 giorni devi reimpostarli, sennò tutto torna senza controllo.

Accessibilità, ti consente di eliminare le miniature animate e lasciarle statiche.

Risparmio Dati, qui puoi far partire i video con risoluzione inferiore e avviarsi in più tempo, allo scopo di risparmiare i dati dell'utilizzo dei dati del cellulare. Quando sei sotto copertura WiFi quest'impostazione non sarà valida.

ASSISTENZA

Segnala un Problema, qui trovi un elenco dei principali eventuali problemi su TikTok suddivisi per argomento per come risolverli.

Centro Assistenza, qui trovi una serie di pagine con le domande più frequenti suddivise per argomenti. Utilizzo, Privacy e Sicurezza, Account e Impostazioni e relativa barra di ricerca.

Centro Sicurezza, trovi tutti i dettagli dell'applicazione, le linee guida, gli strumenti le risorse. Le informazioni, i contatti, informativa dei cookie, termini del servizio.

INFORMAZIONI

Qui trovi tutti le condizioni già suddivise per argomento.

Termini di Utilizzo.

Linee Guida della Community.

Informativa sulla Privacy.

Politica sul Copyright.

ALTRO

Unisciti ai Tester TikTok, non l'ho provato e come per le monete non l'ho ancora testato.

Svuota Cache, per eliminare i cookies dal cellulare relativi a TikTok.

Aggiungi Account, per aggiungere un altro account, in modo da poterne gestire più di uno.

Esci, per uscire dall'applicazione.

Nel *pallino*, al centro, trovi la tua immagine profilo e a seguire il nome utente, per i quali ti ho già dato indicazioni nel Capitolo 3.

Sotto il *numero* dei video caricati, il numero delle persone seguite, dei follower e dei mi piace ricevuti.

Poi c'è il pulsante rosso *"Modifica Profilo"*. Da qui puoi caricare la *foto o il video del tuo profilo*. Mettere il *nome*, quello in alto di prima e il tuo *nome utente*. In automatico ti apre il link di TikTok che puoi cliccando le paginette fare il copia-incolla, per eventualmente copiare altrove. Dopo c'è la *biografia*, aggiungere il *profilo Instagram e Youtube*. Tutti i consigli sono nel Capitolo 3. Mi raccomando, sono importantissime queste linee guida.

Tornando indietro a fianco c'è la tendina dei *preferiti*. E' qui che trovi tutti i video, i suoni, gli Hashtag e gli effetti che hai salvato.

Poi c'è la tua *bio,* così come appare agli "occhi" degli altri utenti. Anche per la bio ti demando al Capitolo 3.

Poi trovi *6 linee* dove ci sono i tuoi video e un *cuore.* Qui ci sono tutti i video a cui hai messo il tuo mi piace. Ecco, poi tutti i tuoi *video caricati* con le relative anteprime e il numero delle *visualizzazioni* nell'angolo in basso a sinistra di ogni video pubblicato. Se ci clicchi apre il video a pagina intera e a destra trovi il numero dei like, condivisioni e commenti. I tre pallini ti servono se vuoi condividerlo tu stesso su altre piattaforme. Tornando indietro ti riporta alle pagine del tuo profilo.

Il *primo video* è la sezione che racchiude tutte le *bozze*. Entrandoci c'è l'elenco e attraverso il "+" puoi creare un video direttamente da qui e te lo salverà direttamente in questa sezione. Se vuoi far passare un video da "bozze" a "visibile", cliccaci sopra e, dopo le eventuali modifiche, clicca P*ubblica*" in basso a destra.

Come inserire i tuoi video.

Ed eccoci ad una delle sezioni più importanti: come creare i tuoi video e caricarli sulla piattaforma. Nota: i video, dopo averli creati, li puoi anche salvare nelle bozze e pubblicare in un secondo momento. Ad esempio, io ogni tanto mi prendo un paio di ore per registrare decine di video, li salvo qui e pian piano li pubblico, in modo da avere sempre del contenuto pronto. Allaccia le cinture: ciak, si gira!

Quando clicchi il "+" apre la schermata per la registrazione, editing e condivisione dei tuoi video. Qui c'è tutto un mondo da esplorare.

In basso trovi le 3 scritte: 60s, 15s MV e LIVE.

Molto intuitivo. Qui scegli se fare il video da 60 secondi, da 15, se vuoi fare una presentazione di foto o il live.

Per quello che riguarda l'opzione **Live** l'ho già tutta spiegata nel Capitolo 3, appare dopo i primi 1.000 che ti seguono.

Per la **presentazione video**, clicca MV. Ti apriranno i diversi tipi di presentazione che vuoi fare andando a destra o sinistra: 19 modelli già impostati nei quali, per ognuno ti fa scegliere il numero di foto. Una volta scelto, clicca sul bottone "*Seleziona Foto*" e in alto ti ricorda quante foto puoi caricare al massimo e le scegli dalla tua galleria. Una volta selezionate clicchi in alto a destra "*Ok*" e in automatico te la fa vedere. Qui puoi utilizzare i tool di editing: aggiungere un suono (tuo o precaricato, quelli di tendenza o tra i tuoi preferiti), un effetto, frasi o parole con un tipo di carattere a tua scelta, colore e allineamento, inserire degli sticker.

Tutto è possibile farlo attraverso le icone in basso a destra chiamate appunto: *"Suoni"*, *"Effetti"*, *"Carattere"*, *"Sticker"*. In alto a sinistra le icone *filtri, volume* ti permettono di scegliere se vuoi utilizzare dei filtri specifici o alzare o abbassare il suono. Ogni volta che aggiungi qualcosa TikTok ti fa vedere in diretta la presentazione così puoi scegliere se ti piace o meno. In alto a sinistra c'è la *freccia* <- che ti consente di tornare indietro e salvare le modifiche oppure continuare a modificare. Una volta inserita una o più cose di tuo gradimento, in basso a sinistra c'è il pulsante *"Avanti"*.

Qui si apre la schermata dove inserire la *descrizione* che apparirà poi in basso alla tua presentazione, gli *Hashtag* (Nota: mentre li scrivi la piattaforma ti darà i suoi suggerimenti come Instagram e ricorda di non usarne troppi, 4/5 al massimo); inserire l'immagine della *copertina* che vuoi per l'anteprima sulla tua home page e che vedranno gli altri, scegliere la *privacy* della presentazione, se pubblico a tutti, amici e privato solo per te, consentire i *commenti, i duetti* e *salvare* in automatico la presentazione nel tuo album del cellulare. Io metto sempre tutto attivo e lascio pubblico. Da qui scegli se salvarlo nelle bozze per poi pubblicarlo più avanti o pubblicarlo in diretta.

Nota: una volta pubblicato non è possibile modificare la descrizione e l'Hashtag, mentre le altre cose sì. Se ad esempio il video non prende le visualizzazioni che ti aspetti ci rientri dalla tua home e metti la privacy sul *"Solo Io"*. Non cancellarlo mai: pare che l'algoritmo lo legga come spam e ti penalizzerebbe.

Apri l'App e tocca il pulsante "+" in basso al centro dalla home per registrare **nuovi video**. Si aprirà la fotocamera posteriore del tuo cellulare.

Al centro la parola *"Suoni"* ti permette di utilizzare una delle canzoni preregistrate di TikTok. Qui sono ordinatamente classificate per playlist: le più ascoltate, quelle di tendenza, popolari, commedia, globali, virali, challenge, latine. In alto nella barra a scorrimento le tre in assoluto più usate. Ricorda che ogni settimana cambiano. Puoi anche utilizzare il *"Cerca"*. Se ne senti una che ti piace o che ti ispira a fianco ad ognuna c'è una tendina. Se ci clicchi la salva tra le preferite che puoi sempre consultare.

A destra ci sono le diverse icone per l'editing dei video. Il primo è *"Ribalta"* ossia scegliere quale telecamera usare. Se quella anteriore del selfie o quella dietro.

Sotto c'è l'icona *"Velocità"*, ossia per impostare la velocità di registrazione. Apparirà automaticamente in fondo, appena sopra il pulsante di registrazione 0.3x, 0,5x, 1x, 2x, 3x. L'opzione predefinita è 1x, il che significa che registrerà alla velocità normale. 0,3x e 0,5x rallenterà la velocità della registrazione, mentre 2x, 3x la velocizzerà.

Poi l'icona "bellezza" è per attivare o disattivare il filtro bellezza e appianare dei difetti nel video.

A seguire *3 pallini* per inserire il tipo di *filtro*. Qui ci sono quelli disponibili e in diretta li puoi applicare e vedere il risultato finale, come quando carichi come le foto di Instagram.

"Timer", serve per creare i video con una serie di clip, stoppandoli ogni volta, registrandoli a cascata uno dopo l'altro. Se ad esempio

vuoi registrare da diversi punti, registrare il prima e il dopo o fare il cambio abiti, location, ecc...

In basso a sinistra del pulsante rosso l'icona *"Effetti"* ti permette di inserire degli effetti e qui puoi scegliere tra i preferiti, ossia quelli salvati, e gli altri suddivisi in categorie: di tendenza, nuovi, fashion, vlog, filtro, animali, pride, AR, Natale, selftest.

TikTok ti consente di combinare più effetti in un singolo video. Anzi ti accorgerai tu stesso che i video che hanno successo sono proprio questi. Se non ne vuoi aggiungere basta cliccare il simbolo zero e chiude la schermata.

E se vedo un video con un effetto come faccio a capire quale ha usato? In basso a quel video appena sopra il nome utente c'è la *bacchetta magica* e a fianco c'è il nome dell'effetto che ha usato. Se ci clicchi, come per le canzoni ti apriranno tutti i video utilizzati con quell'effetto. Qui come al solito puoi salvarli tra i preferiti, condividere, fare duetti, ecc...

A destra del pulsante rosso c'è la parola *"Carica"*. Se clicchi ti fa scegliere di caricare uno dei video che hai materialmente sulla memoria del tuo cellulare. Ad esempio, se hai creato dei video da Inshof, Finalcut o dal cellulare e vuoi usare questi.

Se invece lo devi registrare direttamente da TikTok, ci siamo! Clicchi il *pulsante ROSSO* e inizia la registrazione. Quando raggiungi i 15 o 60 secondi, la videocamera interromperà la registrazione. Per stopparlo a metà, o se hai fatto la parte di video a cui devi aggiungere altre clip, ricliccaci su. In alto vedrai una *barra di a scorrimento* con il colore blu che ti fa vedere quanto tempo hai ancora a disposizione.

Per riprendere e fare un'altra parte di video, clicca ancora il pulsante rosso. Puoi anche cancellare l'ultimo o gli ultimi frammenti di video cliccando l'icona "X" a destra del pulsante rosso. L'icona rossa più piccola con la *spunta bianca* è per confermare e andare avanti anche se non hai usato tutto il tempo e ti va bene così. Difatti dopo averci cliccato passa alla videata dell'editing. Come vedi in pratica ti permette di essere un vero e proprio regista senza troppe operazioni e difficoltà. Già da qui puoi fare un video intero di fila, oppure un video formato da tante clip di video.

Dopo averlo tutto registrato fino alla fine del tempo a disposizione, in automatico ti apre il video appena fatto con tutte le icone dell'editing uguali alla presentazione.

Aggiungere un suono (tuo o precaricato, quelli di tendenza o tra i tuoi preferiti), un effetto, frasi o parole con tipo di carattere, colore e allineamento a tua scelta, inserire degli sticker.

Tutto è possibile farlo attraverso le icone in basso a destra chiamate appunto: *"Suoni", "Effetti", "Carattere", "Sticker".*

In alto a sinistra le icone *filtri e volume* ti permettono di scegliere se vuoi utilizzare dei filtri specifici o alzare o abbassare il suono. Ogni volta che aggiungi o togli TikTok ti fa vedere in diretta il video così puoi scegliere se ti piace o meno. In alto a sinistra c'è la *freccia* <- che ti consente di tornare indietro e salvare le modifiche oppure continuare a modificare. Una volta inserito una o più cose di tuo gradimento, in basso a sinistra c'è il pulsante *"Avanti".*

Qui si apre la schermata dove inserire la *descrizione* che apparirà poi in basso al tuo video, gli *Hashtag* (Nota: mentre li scrivi la piattaforma ti darà i suoi suggerimenti come Instagram e ricorda di non usarne troppe, 4/5 al massimo); inserire l'immagine della *copertina* che vuoi per l'anteprima sulla tua home page, scegliere la *privacy* del video, se pubblico a tutti, amici e privato solo per te, consentire i *commenti, i duetti* e *salvare* in automatico il video nel tuo album del cellulare. Io metto sempre tutto attivo e lascio pubblico.

Da qui scegli se salvarlo nelle bozze per poi pubblicarlo più avanti o pubblicarlo subito. Nota: una volta pubblicato non è possibile modificare la descrizione e gli Hashtag, mentre le altre cose sì. Se ad esempio il video non prende le visualizzazioni che ti aspetti ci rientri dalla tua home e metti la privacy sul *"Solo Io"*. Non cancellarlo mai: L'algoritmo lo legge come ppam e ti penalizzerebbe.

Queste sono proprio le basi per creare video. Per effetti particolari e più articolati ci sono moltissimi tutorial su Youtube, che ti invito a guardare. Inutile scrivere qui muri di testo. In questo passo la palla volentieri ai video tutorial e farmi da parte.

Ed ora capiamo poter monetizzare, guadagnare e fare lucro con TikTok. Pronto?

RIEPILOGO DEL CAPITOLO 4:

- SEGRETO n. 1: TikTok unisce le esperienze degli altri Social unificando alcune delle caratteristiche principali allo scopo di rendere l'esperienza e di condivisione divertente, semplice ed unica.

- SEGRETO n. 2: Con TikTok puoi creare i tuoi video come un vero e proprio regista con pochissimi ed elementari passaggi. Te li ho indicati tutti per filo e per segno, uno dietro l'altro.

- SEGRETO n. 3: Mentre li leggi tieni a fianco il tuo smartphone in modo da applicarli direttamente, ma constaterai tu stesso l'immediatezza e la praticità dell'utilizzo. E' davvero tutto molto intuitivo.

- SEGRETO n. 4: Ti ho inserito le basi per creare video. L'ABC per iniziare a partire e muovere i primi passi. Per effetti particolari e più articolati ci sono moltissimi tutorial su Youtube. Cimentati senza paura di sbagliare. Ci sono degli artisti che ne hanno fatto il proprio lavoro a spiegare come creare i video con i tutorial. Come tutto dovrai dedicarci del tempo, ma sarai ricompensato, se non nell'immediato attraverso i soldi, di sicuro con tanto divertimento!

Capitolo 5:
Come monetizzare con TikTok

Ad oggi non è possibile fare soldi direttamente con TikTok in quanto l'App non paga direttamente i suoi creatori. Tuttavia ci sono alcuni metodi che si possono utilizzare per guadagnare sui Social, così come anche da TikTok. Data la mia "giovane" iscrizione su TikTok, questi non li ho ancora provati e testati. Sono tutte curiosità e idee che altri Marketer famosi hanno dato. Prima o poi mi cimenterò anche io personalmente e provvederò a condividere le mie esperienze. Magari se tu stesso hai avuto risultati e vuoi raccontarmeli ben volentieri. Torniamo a noi, ecco i sistemi che puoi utilizzare anche tu per monetizzare attraverso TikTok.

Il primo e il più gettonato tra tutti i metodi di come lucrare attraverso TikTok è: *l'influencer marketing.*

I TikToker più famosi già lo utilizzano, grazie anche attraverso ad una fanbase molto numerosa su YouTube e Instagram. Le aziende negli ultimi anni sfruttano questo approccio per pubblicizzare i propri prodotti e servizi e si sono lanciati anche su questa piattaforma sempre più in espansione. I sistemi con cui fanno promozione su TikTok sono diversi: le pubblicità inserite nei video, gli Hashtag collegate alle challenge, i video che hanno una Call to Action ai propri siti e App, la creazione di filtri personalizzati da far usare agli utenti. Dopo aver creato la tua folla di seguaci puoi anche tu contattare le aziende o liberi professionisti che hanno senso per i contenuti che stai creando e collaborare insieme. Vedrai, in ogni caso, che appena arriverai a numeri importanti saranno loro ad arrivare da te.

Trasferire i seguaci da una piattaforma all'altra.

Questo è un modo molto utile per far crescere i numeri dei tuoi fan, per il motivo che ti ho scritto. Quando diventi una celebrità della tua nicchia hai più potere contrattuale e puoi diversificare. Ma come farlo? Molto semplice. Usa i link dei tuoi contatti nelle bio, fai dei video appositi per invitarli, organizza eventi speciali.
Creare prodotti brandizzati del tuo marchio.

Una strategia molto comune tra i più famosi utenti di TikTok per monetizzare è quella di vendere i prodotti con il proprio marchio, utilizzando appunto l'applicazione per promuoverli. Ad esempio, prima hai letto dei libri che i Muser hanno scritto. Come li hanno spinti? Attraverso i video, annunci sull'uscita, veicolando i fan alle presentazioni. E questo lo hanno fatto su tutti i loro canali. Ti ricordo che lo stesso video, magari con formattazioni diverse, lo puoi riutilizzare, tagliare, incollare. Fare come si fa con il maiale: non si getta via niente!

C'è chi ad esempio ha creato la propria linea di abbigliamento, chi oggetti come tazze, penne e quaderni. Puoi venderli direttamente ai fan o usare un sito web esterno. Ad ogni modo, il merchandising è molto utilizzato e i tuoi fan non vedranno l'ora di possedere uno di questi meravigliosi gadget con il tuo marchio perché si sentiranno parte del tuo gruppo. Ricorda che il senso di appartenenza è al terzo posto tra i bisogni fondamentali dell'essere umano. Creare e tenere insieme persone nello stesso gruppo sarà la tua chiave di volta.

Condividere link di affiliazione a prodotti o servizi di altri.

Se non hai prodotti tuoi, usa i link di affiliazione alla vendita di merci o servizi altrui. Questa tecnica è molto diffusa, soprattutto su Amazon. Non sono poche le persone che riescono a creare una rendita grazie a ciò. Come funziona? Consigli l'acquisto ai tuoi fan, inserisci il link di affiliazione che ti viene fornito da chi vende, il quale provvederà a inviare direttamente la merce al cliente finale e tu guadagni una percentuale dalla vendita. Ad esempio, il link lo puoi inserire nella biografia del profilo, fare dei video in cui lo utilizzi, fare testimonianze, ecc…

Puoi cambiare ogni settimana l'articolo, diversificare fornitori ma l'importante è sempre tenere la coerenza di quello che fai. Se salti di palo in frasca continuamente i tuoi follower vanno in confusione e smetteranno di seguirti. Tutto deve avere una strategia in concomitanza con quello per cui hai deciso di presentarti al mondo e di come lo vuoi sviluppare.

Fare upsell attraverso la piattaforma.

Offri servizi più dettagliati e personalizzati di quello che fai per la massa, a pagamento in upsell per pochi. Usa i video di TikTok per vendere e dimostrare le tue abilità. Metti il link del sito in bio, offri sconti anticipati, promozioni esclusive, ecc... insomma tienili attaccati a te, soprattutto ai più fedeli.

"Collezionare" i contatti dei tuoi follower.

Chiedi gli indirizzi e-mail, i numeri di telefono dei tuoi fan, i contatti delle altre piattaforme. Crea ad esempio in contemporanea anche un gruppo Facebook di discussione e condivisione del tuo argomento dove veicolare i fan. Saranno una percentuale esigua rispetto a tutti quelli di TikTok, ma di sicuro sono gli stessi che ti seguiranno in qualsiasi attività tu voglia promuovere.

Creare compilation su YouTube dei video di TikTok.

Servirsi di Youtube per inserire i video di TikTok, creandoci compilation divertenti, curiose e carine da guardare è una tecnica molto utilizzata. Ho letto di numeri impressionanti e di guadagni sbalorditivi ottenuti grazie a video su Youtube creati così, perché quello che conta sono le visualizzazioni ottenute. E quando ne raggiungi molte ti chiameranno per inserire le pubblicità... ovviamente pagandoti! Ecco come fare.

Su TikTok tutti i video si possono salvare. Scegli quelli con più visualizzazioni e che hanno ottenuto successo, dove succede qualcosa di interessante. Crea un video con i programmi appositi di editing composto da tanti frammenti di questi video e caricali su Youtube. In pratica si tratta di formare delle compilation suddivise per argomento, di ogni tipo che ti viene in mente. Cadute comiche, trucchi di magia, paesaggi, risate, spezzoni di frasi in dialetto, barzellette, puoi alternare video veloci e lenti, baci, balli, cuccioli, spezzoni di film. Se ne vedono tantissimi anche su Facebook. Tagliali e montali per solo quei pochi secondi interessanti e non lasciare mai utti i 15 secondi dei video originali, altrimenti non ci sarebbe il gusto di vedere il tuo video: le persone resterebbero su TikTok direttamente. E' questo il tuo scopo: far in modo che le persone siano interessate a guardare quello che tu di simpatico hai creato.

Utilizza un'anteprima e una miniatura interessante (prendi anche esempio da quelle fatte che hanno già numeri).

Importantissime sono le parole chiave, i Tag che inserisci nel titolo e le descrizioni di ogni video. Il titolo, soprattutto, deve essere attraente e far capire al volo quello che ci troverà lo spettatore nel video. Deve essere sempre in linea con la tematica. Non usare mai un titolo diverso, le persone sono molto attente e... spietate.

Per quello che riguarda il canale dove collezioni tutti questi video assegnagli un nome con riferimento specifico a TikTok e rimpolpalo ogni giorno con contenuti. Vale sempre la solita tecnica: coerenza e costanza.

Utilizzare le sponsorizzate per aumentare la tua visibilità.

Le ADS so che esistono, ma non sono di mia competenza e ad oggi non le ho ancora provate su TikTok. Per questo motivo inserisco un articolo scritto da Alessio Natale Atria, il mio collaboratore di TikTok, dal suo Gruppo di Facebook "TikTok Hacks Italia".

Le ADS su TikTok. Cos'è TikTok ADS?

Si può fare Social Marketing su TikTok? Certo che sì e il motivo è semplice: anche questo Social genera i fenomeni tipici che permettono di raggiungere gruppi ben identificati di potenziali consumatori. Gli ingredienti necessari ci sono e si chiamano: viralità, follower e influencer. Vediamo come sono sapientemente utilizzati non solo nell'ambito ADS puro.

Un brand che vuole conquistare un certo livello di visibilità presso il target dei giovanissimi, crea il proprio canale, produce contenuti adatti al Social e si interfaccia con gli influencer per raggiungere una platea più vasta. Oltre ciò, sfrutta TikTok ADS per fare pubblicità diretta (come le sponsorizzate su YouTube, Facebook, Instagram, ecc...).

Ecco le diverse possibilità. TikTok ha una sua piattaforma per la pubblicità e da Gennaio 2019 ha iniziato a far visualizzare annunci in Europa e negli Stati Uniti. Siamo ancora in una fase esplorativa per cui bisogna attendere un crescendo di novità durante il 2020. Bisogna partire da alcuni dati:

- Il 75% dei giovanissimi fa acquisti online.

- La generazione Z si caratterizza per la ricerca di esperienze attive e fuggono dalle esperienze di intrattenimento passivo.
- Amano condividere e parlare di se stessi.

Queste caratteristiche servono a comprendere come e perché utilizzare TikTok per fare pubblicità al proprio marchio.

Come funzionano le ADS su TikTok? Prima di capirlo, ecco cosa TikTok offre in tema di pubblicità:

- Visualizzazione a schermo intero all'apertura: la campagna pubblicitaria è visualizzata non appena si accede all'App. E' possibile scegliere un formato video, l'immagine fissa oppure animata.
- Campagna Feed: sempre a schermo intero la campagna compare per 9-15 secondi, quando si scorre il feed personale "Per Te".
- Hashtag Challenge: in base all'Hashtag selezionato si genera una sfida in cui i TikToker caricano contributi video, anche qui a schermo intero. Per far sì che questa campagna abbia presa, occorre collaborare con gli influencer.

- Brand Lenses: maschere personalizzabili, free-use come accade in Snapchat.

La caratteristica delle campagne ADS su TikTok è la durata minima: si parla di pochi secondi, dai 5 agli 8 al massimo, poiché questo genere di audience è ormai abituato ad andare in velocità e si stanca velocemente di un contenuto che loro giudicano prolisso se va oltre la loro soglia di attenzione.

Abbinare alle ADS anche il marketing con gli influencer famosi di TikTok è una mossa molto ricorrente. Infatti, un classico della pubblicità sui Social moderni è la campagna generata per mezzo dei video ideati e creati dagli stessi influencer. L'unica attenzione da avere è l'accurata selezione dell'influencer: come caratteristica principale è che sia più rappresentativo possibile del brand da promuovere. La naturalezza deve essere la chiave del successo di una campagna di marketing fatta con un influencer. Questo comporta che siano rispettate determinate regole:

- Originalità e divertimento: questo è un buon motivo per lasciare all'influencer il timone del comando sui contenuti da generare.

- Credibilità del prodotto in associazione alle caratteristiche e doti dell'influencer.

- Focus più sul contenuto che sulla qualità del video poiché deve essere quello che normalmente utilizza l'influencer. Un video patinato, diverso e troppo costruito stona e i follower se ne accorgerebbero.

Queste, infine, sono le quattro linee guide a cui devi assicurarti di attenerti nel momento in cui crei la tua sponsorizzata.

- Promesse ingannevoli: gli annunci non devono promettere o esagerare risultati o fare affermazioni che non possono essere comprovate. Superlativi come "# 1", "I più venduti", "I più popolari" non possono essere utilizzati a meno che non possa essere verificato da una terza parte attendibile e certa.

- Funzionalità ingannevole: gli annunci non possono includere elementi che inducono in errore a interagire con l'annuncio. Ciò include pulsanti non funzionanti e inviti all'azione che non consentono all'utente di eseguire tali azioni come "scorri verso l'alto".

- Filigrana TikTok: gli annunci non devono includere l'uso della filigrana TikTok tanto meno sulla pagina di destinazione.

- Qualità suono e immagini: gli annunci devono contenere audio e video di alta qualità. Gli annunci senza audio o quelli che contengono immagini statiche non verranno approvati.

- Mancanza di branding: tutti gli annunci devono rappresentare chiaramente il prodotto, il servizio o l'attività commerciale contrassegnando chiaramente l'annuncio all'interno della didascalia o della creatività dell'annuncio.

Ora, che hai letto i diversi modi per fare lucro con TikTok rifletti quale potresti utilizzare per il tuo brand. Di strade ce ne sono davvero molte, scegline e portala a compimento. Non voler fare tutto alla rinfusa. Sì al provare, ma seguine una.

Personalmente, quello che mi accorgo più di ogni altra cosa è che avendo così tanta fruizione di video e in modo così veloce, stimolano davvero moltissimo la creatività. A furia di guardare e riguardare video continuamente è possibile "sfornare" moltissime idee e in pochissimo tempo. Prendi nota di tutto quello che ti verrà in mente, perché sarà davvero tantissimo materiale su cui lavorare.

RIEPILOGO DEL CAPITOLO 5:

- SEGRETO n. 1: TikTok non paga direttamente i suoi utilizzatori. Quindi non è possibile averli dalla piattaforma, ma ci sono moltissimi modi per poterla sfruttare economicamente. Scegline uno o più di uno dei metodi descritti per poter lucrare attraverso l'utilizzo di TikTok. Come hai visto ce ne sono davvero molti. Il primo passo è crearti una fan base numerosa. Per farlo puoi iniziare anche utilizzando le "compilation" dei video di TikTok su Youtube.

- SEGRETO n. 2: Quando scegli una strada porta a compimento una di queste e non voler fare tutto alla rinfusa. Sì al provare, ma seguine una. Quello che premia nel lungo periodo è sempre la costanza. Non iniziare troppi progetti e non seguirli. Piuttosto concentrati su uno, ma fallo approfonditamente.

- SEGRETO n. 3: Utilizza le ADS su TikTok come metodo ulteriore per creare lead e farti pubblicità, ma informati e falle con parsimonia.

- SEGRETO n. 4: TikTok ha lo svantaggio che si presta a darti moltissime idee, segnale tutte, ma non saltare di palo in frasca e rimani focalizzato e centrato sulla tua.

Conclusione

Il nostro viaggio insieme termina qui. Certo è che non avrei nemmeno pensato fino a soli due mesi fa di imbattermi in quest'altra avventura a portarla anche a termine in così breve tempo e con buoni risultati. Come dico sempre: la vita è un viaggio meraviglioso! Come promesso all'inizio in questo manuale ho dispensato tutte, ma proprio tutte le mie conoscenze che ho acquisito su TikTok. Non mi sono trattenuta in nulla. Intanto ti faccio i miei complimenti per essere arrivato fino alla fine, anche se ti invito a considerare questo libro solo come il primo passo: da adesso in poi tocca a te. Ora hai gli ingredienti necessari per le tue torte. Uno ad uno assaporali, mischiali, inventa sempre qualcosa di brioso, vivace ed entusiasmante.

Con la pratica acquisirai anche tu la stessa efficacia ad usarlo, ma sappiamo che le cose evolvono e velocemente, soprattutto nel Web. Quindi, potresti trovare delle nozioni che poi sono state modificate oppure revisionate, rispetto ad oggi, Gennaio 2020. Il trucco principale è quello di restare sempre con l'occhio vigile ed attento agli aggiornamenti. Ti riporto le regole principali per utilizzare al meglio TikTok, perché sono convinta che ciò che conterà davvero, a parte la questione tecnica che s'impara, è il tuo atteggiamento mentale: cavalca le mode del momento, supera la timidezza, abbi costanza e perseveranza, mettici passione, sii autentico, coinvolgente, creativo, entusiasta, coerente e soprattutto…

…divertiti!

Non pensare mai di non essere idoneo e che non fa per te. Anche tu troverai quella cosa, anche semplice, molto richiesta dal pubblico: con questo non dico che sia facile ed immediata trovarla, ma con il tempo, pazienza e tenacia sono certa che ci sarà anche per il coniglio da tirar fuori dal cappello. Tu, nel frattempo non mollare mai. La cosa più difficile è essere essenziali: spesso ci complichiamo la vita, ma direziona il tuo focus in tal senso e vedrai palesare le tue idee in men che non si dica.

TikTok sta cambiando l'utilizzo del Social, come quando sono entrate le Stories: all'inizio eravamo straniti, poi invece adesso le usiamo anche più della home di Facebook e Instagram. Lo so, è contro intuitivo rispetto a quello che a cui siamo abituati. È questa la parola magica che dovresti tenere in mente: *siamo abituati* e oggi giorno abituarsi alla tecnologia non è possibile. I cambiamenti sono troppo veloci e repentini anche solo per pensare di sederti comodamente per i mesi a venire: impossibile. Quando inizi a smanettarci ti sembrerà non naturale, di sederti (appunto) su qualcosa di davvero scomodo. Ma è solo questione, pensa un po' di... creare la consuetudine e fare pratica, anche solo grazie ad un passo per volta, ma costante.

Quindi: *prova, prova, prova!*

Ora, prima di passare ai ringraziamenti e al **Bonus Speciale** che ho riservato per te ho da domandarti un piccolo ma fondamentale *favore personale*.

Ti chiedo infatti di scrivere una recensione, su Amazon rispetto a quello che pensi di questo manuale, quello che credi ti sia stato utile grazie alle informazioni che hai trovato qui scritte. Te ne sarò, oltre che *grata*, anche estremamente *onorata!* Ti ringrazio in anticipo se vorrai prenderti qualche minuto per darmi un tuo feedback: è questione di pochi click da parte tua, di un semplice impegno dall'enorme valore per me. Infatti questo mi permetterà di proseguire nel mio lavoro con dedizione e riconoscenza.

Già, ho il "brutto" vizio di fare le cose con estrema passione, ardore e vitalità. Come posso continuare a realizzarle e non fermarmi mai? Anche attraverso il tuo di entusiasmo se deciderai di passarmene un po' e condividerlo assieme alle altre persone che decideranno di leggermi proprio perché troveranno, attraverso la tua recensione, la voglia e lo stimolo di farlo.

Grazie in anticipo, davvero.

Raffaella.

Ringraziamenti

La parte che più preferisco quando scrivo i libri sono proprio i ringraziamenti. Sono profondamente convinta che ringraziare, e per questo non intendo semplicemente dire *grazie* ma provare il senso di gratitudine dentro la propria anima, sia il dono più bello della vita. Spesso ci dimentichiamo di essere grati per tutte quelle cose genuine che abbiamo smesso di osservare, perché rincorriamo dietro le banalità, le cose che non c'entrano nulla, che non ci danno il vero appagamento. Mi accorgo che molti le riconoscono sempre meno e nemmeno quando ce l'hanno sotto il naso.

Thomas Fuller, in una sua frase dice: "Un cieco non ti ringrazierà se gli dai un cannocchiale." Già, le persone si sono accecate con le proprie mani.

La gratitudine è la forma più alta e nobile del pensiero, perché è come se racchiudesse la magia del renderti consapevole di quello che hai. La vera ricchezza, e non intendo quella materiale, ma quella di spirito è proprio questa: la riconoscenza verso quelle piccole ma grandi cose che la vita ogni giorno ci regala.

Tutti i giorni faccio *l'esercizio dei ringraziamenti*. Di cosa si tratta? Scrivo sul diario dei "ringraziamenti", un'agenda ovviamente rosa in quanto è il mio colore preferito, in ogni giornata tutto quello per cui sono stata felice. Almeno 10. Attraverso questo non do mai nulla per scontato, perché direziono l'attenzione verso quello che ho e non verso quello che mi "manca". Rimanendo comunque una persona ambiziosa, piena di sogni e desideri.

E' questo il nostro grosso problema: la distrazione verso le cose **essenziali** della vita. Non voglio fare discorsi su complotti, le scie chimiche, il governo ladro, non ci sono più le mezze stagioni e si stava meglio quando si stava peggio, ma se ci pensi il mondo ci vuole concentrati sul consumismo, sull'effimero e sulla scontatezza facendoci perdere il peso dei valori.

Per "contrastare" questo, sono anni che tutti i giorni, festivi compresi, faccio la mia pratica. E sai qual è il risultato? Oltre a provare una grande sensazione di appagamento (e questo non vuol significa accontentarsi, giammai!), più focalizzi l'attenzione su quello per cui essere grato più la vita te ne dona... guarda un po', per esprimere gratitudine.

E' un circolo virtuoso inarrestabile, perché è scaturito dal sincero e reale apprezzamento *inno alla vita*. E non sono cose complicate, impossibili, articolate, assolutamente: quello che all'apparenza sembra essere banale e insignificante in realtà racchiude molto, *tutto*.

La semplicità delle piccole cose, insomma! Se non sei grato per questo, non aspettartene di grandi. Questa è una legge universale.

Dopo questa lunga premessa sui ringraziamenti, non mi ripeto con quelli verso le persone che amo, che mi amano, mi sostengono e che mi sono vicine nella mia vita: ho già preso troppo spazio. Ecco, invece, quelli relativi a questo libro.

Il mio primo e sentito grazie è rivolto ad **Allessandro Bonacorsi,** in arte, **Alle Tattoo.** Lui è il "famoso" (anche nel vero senso della parola) tatuatore da cui mi son recata il 14 Dicembre, presso il suo studio a Limidi di Soliera in provincia di Modena. Mi ha fatto "semplicemente" scoprire TikTok. Grazie a lui ho avuto, quindi, l'ispirazione a creare questo libro. La sua manager **Serena Cavani** mi ha aiutata ad aprire l'account e sua moglie **Stefania**, mi ha spronata inverosimilmente a crearlo. Insomma, ho trovato una squadra pronta a sostenermi.

Alle è una vera e propria forza della natura, per lui nutro tantissima stima. Con il suo team hanno creato delle cose straordinarie. Definito il *"Tatuatore dei Record"*, ne possiede 14 all'attivo, collezionati in 29 anni di carriera, tra cui l'ultimo in cui ha tatuato 60 ore di fila. Li conosco da tantissimi anni (il mio primo e unico tatuaggio chissà chi me lo ha fatto) e spesso hanno idee, che mettono in pratica a dir poco avveniristiche. La più recente? Creare sempre a Limidi Soliera, uno studio di Tattoo con all'interno il museo dedicato al tatuaggio più grande al mondo. Ci riusciranno? Certo che sì! L'idea è già stata pianificata e in fase di attuazione. Attendiamo con frenesia l'apertura per poterlo visitare al più presto.

Un grazie particolare va alla mia cuginetta **Noemi**, di 10 anni, che mi ha insegnata molti trucchetti su TikTok. Grazie alla sua semplicità di bambina mi ha donato quell'entusiasmo che noi adulti spesso dimentichiamo.

Ad **Alessio Atria** esperto di Advertasing e Marketing in TikTok, grazie al quale ho approfondito i temi di TikTok e mi ha aiutata a far crescere con i suoi sapienti consigli il mio profilo.

A **Giorgio Gibertini Jolly**, dico grazie per la revisione di questo libro. Oltre che davvero esperto nel suo lavoro da revisore e di una precisione unica, con la sua ironia mi ha fatto morire dal ridere nei "commenti"! Peccato non poterli condividere, anzi perché no? Magari un giorno ne farò un libro comico.

A **Jessicà Riccò,** la mia Graphic e Web Designer, puntuale, professionale e dall'enorme pazienza, per aver realizzato l'ennesima copertina "su misura per me".

A **Giacomo Bruno** e alla sua **Bruno Editore e il suo staff** che mi ha permesso ancora una volta di portare avanti quello che è il mio grande sogno nel cassetto, ossia di scrivere. La loro fiducia e appoggio nei miei confronti è davvero confortante e motivo di grande orgoglio da parte mia, oltre che di affermazione e realizzazione libro dopo libro di quel sogno... che evidentemente dal cassetto sta uscendo e si sta materializzando.

A **me stessa**, perché a nonostante le difficoltà (e non poche) non mi sono arresa e ho fatto tutto quello che andava fatto, nei tempi stabiliti per aggiungere un altro mattone alla mia vita.

Ora, arriviamo a *noi due.*

Infine per ultimo, ma non per importanza, *il reale ringraziamento,* va a te che hai comprato questo libro, che mi hai donato oltre che il tuo tempo, la tua fiducia nell'investire le tue risorse tra queste pagine. Mi auguro di vero cuore che ti possano servire e chi diano ottimi spunti per realizzare un profilo su TikTok con molti, moltissimi, spudorati numeri.

Anzi... fammelo sapere! :) Ci tengo veramente. Ed ora passiamo *al Bonus Speciale che ho Riservato per Te.*

Bonus Speciale per Te

A dire il vero non sapevo che bonus mettere ma poi ho deciso di regalarti la cosa più preziosa della nostra vita: *il mio tempo*. Ho dovuto pensarci un po', ma poi ho partorito questa trovata.

Premessa: il tempo è gratis per tutti, nessuno escluso, abbiamo 1.440 minuti in una giornata a disposizione ma solo alcune persone gli danno la giusta importanza e decidono di utilizzarlo al meglio. Il suo valore è inestimabile, proprio perché è limitato. Il tempo è il dono più grande che si possa fare agli altri, perché? Perché non si può compare, non si può riavere, non si può fermare.

"C'è una bella notizia ed una cattiva.
La cattiva? Che il tempo vola.
La bella? E' che il pilota sei TU del tuo tempo."
Cit. Michael Altsuler.

Quanto valore e importanza dai al tuo di tempo? Io personalmente moltissimo. Per me ogni giorno, ogni minuto non va mai sprecato.

Attraverso anche io i miei momenti no ma non smetto mai di dargli la giusta considerazione, né di buttarne via: vivo la mia vita pienamente per lasciare un segno indelebile al mondo, investo in ciò che credo e per le sole persone che amo e che mi amano. Tutto il resto non conta. Ora veniamo a noi.

Come ho scritto all'inizio del libro la mia più grande ambizione della vita è fare la scrittrice. E non posso nemmeno definirlo un lavoro e sai perché? C'è una frase bellissima di grande ispirazione che mi ha sempre guidata: *"Fai quello che ami e non lavorerai un solo giorno della tua vita."* Ed io ho questa grande "fortuna" di esserci finalmente arrivata in questo mio intento, che poi fortuna non è: ho lottato molto duramente per arrivarci, ma posso dire che n'è valsa davvero la pena.

Per me scrivere è una vera e propria passione, l'ho scoperta non molto tempo fa ma è diventata una vera ossessione in così breve tempo. Infatti in poco meno di due anni ho scritto 8 libri. Mi viene naturale e spontaneo. Passo giornate intere seduta ad una scrivania, sabati e domeniche comprese, le ore volano. Non mi pesa. Amo quello che faccio. Le parole non si sprecano, ogni volta come un fiume in piena riempio intere pagine. Ti sei accorto anche tu che sono una vera chiacchierona?! Sono centrata con il mio scopo. E quando hai questo focus tutto ti risuona e diventa "facile". Meglio dire, naturale. Infatti, con estremo sacrificio, determinazione e tenacia sto riuscendo nel mio intento: trasformare una passione riscoperta in un lavoro. E questo è il privilegio più grande che la vita mi ha dato e che mi sto costruendo.

Per arrivare fino a qui nulla è stato semplice, tutt'altro. Né scoprire quest'arte, né tanto meno continuare a coltivare questo sogno. Rinuncio spesso a moltissime cose. Prediligo week end rinchiusa in casa, estati intere passate in balcone, piuttosto che andare a divertirmi al mare o in piscina, ma non me ne pento, perché la scrittura mi appaga in tutto e per tutto e sono determinata nel mio intento. I risultati sono le cose che contano e senza alcuna ostentazione ne ho di concreti. E non lo dico io, i feedback delle persone mi danno benzina, mi aiutano ad alimentare tutto ciò. Certo, dovrò trovare un equilibrio e pian piano ci arriverò, ma per adesso la smania è tanta, e non riesco a staccarmi dalla tastiera del mio adorato Mac. Ora è il momento della creazione delle fondamenta del mio futuro. Costi quel che costi.

Poi si migliorerà con il tempo.

Ma quindi Raffa, questo Bonus Riservato per Me?

Sì, hai ragione. Come volevasi dimostrare: non smetto mai di scrivere.

In questi anni moltissime persone mi hanno detto che anche per loro scrivere un libro è un sogno molto ambito, ma che spesso non sanno come fare per realizzarlo.

Chi vorrebbe scriverne uno autobiografico sulla propria vita per lasciare qualcosa al mondo, chi sull'attività imprenditoriale, chi per promuovere il business, chi sulle proprie esperienze vissute che gli hanno salvato la vita o in un qualche modo gli ha fatto capire molto su sé stessi, chi su un hobby, chi su una materia in cui si sentono di padroneggiarla e di poterla raccontare.

Sono davvero tante le ragioni che spingono le persone ad avere questo desiderio. A volte anche solo quello di vedere semplicemente apparire il proprio nome e la propria faccia su Amazon e riempirsi l'ego.

Insomma. Ognuno con la propria motivazione, ma questo desiderio continua a rimanere tra i "vorrei" senza capire come fare per materializzarlo.

A prescindere dal "perché" che non sta me giudicare, l'elemento principale per cui rimane nel cassetto il "come"; spesso non si sa nemmeno da dove iniziare, o peggio ancora ci sono delle cose a cui "credi" che ti bloccano.

Mancanza di tempo, mancanza d'idee, mancanza di autostima tanto per citarne alcune. E per non farsi mancare niente, c'è anche un'effettiva mancanza di una guida, di un metodo, di un supervisore a tutto. Ed io cosa centro in tutto questo?

Se tu sei smanioso, brami per volerlo scrivere ma non sai assolutamente da dove partire ecco quello che posso fare io per te.

Darti mezz'ora del mio tempo, per aiutarti a capire come fare per spolverare dal cassetto quel tuo sogno di scrivere un libro. Affrontiamo ad esempio quali sono i motivi per cui fino ad oggi non lo hai fatto, come poterlo concretizzare, che risorse ti servono e perché fino ad oggi non lo hai portato a termine. Solo il fatto di condividerlo ti potrebbe dare quella spinta o idee che ti mancano.

Come fare per attenere questa consulenza? Molto semplice: mandarmi un'e-mail all'indirizzo:

raffaella.iannaccone@dreamcoach.it

e fisseremo l'appuntamento telefonico.

Posso aiutarti a progettarlo, ossia a mettere in ordine le tue idee, a creare la tua mappa con le relative tappe da seguire per scriverlo, fin da subito nella tua testa per poi passare a riempire materialmente i fogli bianchi.

Tutti noi abbiamo molte cose da raccontare, ma spesso non ce ne rendiamo conto oppure ci blocchiamo perché non sappiamo come fare. Grazie ad una direzione, al metodo comprovato sulla mia pelle, sarai in grado anche tu scrivere il tuo libro: di questo ne ho la certezza, ma lo devi volere tu.

Devi avere tu un "perché" così forte da farti superare ogni "come". I "come" li troviamo assieme.

Dopo averlo progettato dovrai scriverlo. Per me una volta che hai la mappa è un gioco da ragazzi, ma lo so… spesso manca il tempo, la voglia di mettersi lì davanti ad uno schermo, le idee, l'entusiasmo ma anche per questo posso aiutarti io.

Lo hai scritto e lo devi solo sistemare? Vuoi farlo scrivere completamente?

Insieme ci schiariremo le idee per procedere nella giusta direzione. Come vedi le soluzioni ci sono. Basta volerlo e se davvero tu lo vuoi creare il tuo libro, perché senti che te lo meriti, perché sai che puoi dare qualcosa al mondo, allora mandami una e-mail: sarò ben felice di dirti tutti i modi in cui posso aiutarti in questo meraviglio viaggio.

Sì, perché scrivere un libro è un viaggio (soprattutto interiore) fatto di alcune fasi importanti e imprescindibili. Dopo i libri che ho creato vuoi che non le conosca a menadito e imparato molti trucchi e segreti? ☺ Fino adesso te ne ho messe solo due. Dovrai poi farlo editare, correggere, creare la copertina. Per poi passare a pubblicizzarlo e farti conoscere, seguire la vendita e il marketing. O del libro stesso o del tuo brand personale che vuoi promuovere attraverso il libro, oppure del prodotto o servizio della tua azienda.

Ti sembra cha sia difficile e complicato? Beh, per chi non lo fa tutto il giorno tutti i giorni effettivamente risulta un gran casino, e probabilmente se non lo avessi schematizzato e messo tutto in un ordine preciso sarebbe difficile ottenere il risultato anche per me.

Ho imparato, testato e perfezionato tutta la metodologia che va dalla A alla Z per realizzare il tuo libro, il tuo sogno. Niente d'intentato o fatto a caso. Una macchina perfetta rodata assieme a professionisti di un certo calibro.

Ecco. Senza presunzione alcuna ti ho illustrato brevemente quello che posso fare per te. Ora non ti resta che mandarmi un'e-mail.

Quindi:

- se vuoi una referente per progettare e scrivere il tuo libro.
- se desideri avere anche solo una consulenza perché il tuo libro lo hai già scritto e devi solo organizzarlo, editarlo, fare la copertina, ecc...
- se hai un libro nel cassetto, ma non sai da dove partire e vuoi farlo scrivere completamente... avere una GhostWriter.

Eccomi qua.

Lo so, lo so, a volte ho idee così brillanti: sto scherzando, dai. Anche se non troppo. Devo dirti però una cosa: in questo momento sto gestendo tutta la mia attività da sola. Pagina Facebook e Instagram, nonché l'ultimo nato TikTok, il gruppo, creare contenuti, video, audio, sito, consulenze, continuare a studiare... quindi non so per quanto tempo ancora questo sarà disponibile e di come cambieranno le cose.

Come avrai capito e come ti ho scritto più volte nulla è per sempre, tutto cambia e a volte talmente tanto veloce che neanche ce ne accorgiamo. E' una continua evoluzione, quindi ti consiglio, di scrivermi al più presto, se hai quest'intenzione.

Ci conto, a prestissimo, PROMESSO,

Raffaella.

Ai tuoi più AMBITI sogni!

www.ingramcontent.com/pod-product-compliance
Lightning Source LLC
LaVergne TN
LVHW022348060326
832902LV00022B/4311